Enrique Vila-Matas
Dada aus dem Koffer

Die verkürzte Geschichte der tragbaren Literatur

Aus dem Spanischen von
Orlando Grossegesse

Mit einem Nachwort
von Karl Riha

Suhrkamp

Titel der spanischen Originalausgabe:
Historia abreviada de la literatura portátil
Für die Taschenbuchausgabe durchgesehene Übersetzung
Umschlagabbildung:
Marcel Duchamp, Schachtel im Koffer I/XX.
Paris 1941.
(Peggy Guggenheim Collection, Venedig)

suhrkamp taschenbuch 1864
Erste Auflage 1991

Satz: Fotosatz Otto Gutfreund, Darmstadt
Druck: Nomos Verlagsgesellschaft, Baden-Baden
Printed in Germany
Umschlag nach Entwürfen von
Willy Fleckhaus und Rolf Staudt

1 2 3 4 5 6 – 96 95 94 93 92 91

Für Paula

»...au fond de l'Inconnu pour trouver du nouveau«

Das Unendliche, mein Lieber, ist reichlich wenig; es ist eine Frage der Schrift. Das Universum existiert nur auf dem Papier.

Paul Valery, Monsieur Teste

Prolog

Auf dem Felsen, auf dem Nietzsche die Eingebung der »Ewigen Wiederkehr« hatte, erlitt der russische Schriftsteller Andrej Belyj Ende des Winters 1924 eine Nervenkrise, als er die unausweichlichen Lavaströme des Überbewußten in sich aufsteigen spürte. Am selben Tag und zur selben Stunde fiel der Musiker Edgar Varèse nicht weit davon entfernt plötzlich vom Pferd, als er, Apollinaire parodierend, vorgab, sich auf die Kriegsteilnahme vorzubereiten.

Diese beiden Szenen scheinen mir die Grundpfeiler der Geschichte der tragbaren Literatur zu sein: einer in ihren Anfängen europäischen Geschichte, die so leicht ist wie der Koffer-Schreibtisch, mit dem Paul Morand in Luxuszügen das nächtlich erleuchtete Europa durchfuhr. Es handelt sich um einen beweglichen Schreibtisch, der Marcel Duchamp zu seiner *boîte-en-valise* inspirierte, dem zweifellos genialsten Versuch, das Tragbare in der Kunst zu verherrlichen. Duchamps Schachtel-im-Koffer, die die Miniatur-Reproduktionen all seiner Werke enthielt, wurde wenig später zum Anagramm der tragbaren Literatur und zum Symbol, das sich die ersten Shandys[1] zu eigen machten.

Monate später sollte Duchamps Anagramm, durch Jacques Rigaut leicht modifiziert, wiederaufgenommen werden (auf die *boîte-en-valise* kam ein broschenförmiger Aufsteckkamm), um – wie er selbst sagte – »die

[1] *shandy* bedeutet im Dialekt einiger Gebiete der Grafschaft Yorkshire (wo Laurence Sterne, Autor des *Tristram Shandy*, den Großteil seines Lebens verbrachte) unterschiedslos heiter, unbeständig und verrückt.

Apotheose der Leichtgewichte in der Literaturgeschichte« darzustellen. Sein Entwurf wurde sehr gerühmt, vielleicht wegen seines ausgesprochen heterodoxen Charakters, und löste eine wahre Lawine neuer und gewagter Profanationen des Duchampschen Anagramms aus. Dies ist ein deutlicher Beweis dafür, daß die ersten Schriftsteller, die sich der Geheimgesellschaft der Shandys anschlossen, davon beseelt waren, fortwährend alles zu überschreiten.

In denselben Tagen, und als ob unter den ersten Shandys eine allgemeine Furcht davor bestanden hätte, daß die Schachtel-im-Koffer von jedem x-beliebigen Schwindler erfolgreich kopiert werden könnte, entwarf Walter Benjamin mit bemerkenswertem Erfolg jene lustige Maschine des Bücher-Wiegens, die seinen Nachnamen trägt. Mit ihr können wir noch heute mit absoluter Präzision herausfinden, welche literarischen Werke unerträglich und daher – auch wenn sie dies zu verheimlichen suchen – untragbar sind.

Es ist kein Zufall, daß die Texte des Erfinders der Benjamin-Maschine ihre Originalität zum großen Teil gerade seinem mikroskopischen Blick verdanken, welcher sich mit den theoretischen Perspektiven verband, die er sich unermüdlich aneignete. »Gerade die kleinen Dinge zogen ihn am meisten an«, schrieb sein enger Freund Gershom Scholem über ihn. Walter Benjamin gefielen alte Spielzeuge, Briefmarken, Postkartenfotos und die Nachbildungen von Winterlandschaften, die in Glaskugeln eingeschlossen sind und in denen es schneit, wenn man sie schüttelt.

Walter Benjamins eigene Schrift war fast mikroskopisch, doch er erreichte nie sein ehrgeiziges Ziel, hundert

Zeilen auf einem Blatt Papier unterzubringen. Von seinem ersten Besuch bei Benjamin in Paris berichtet Scholem, daß Benjamin ihn ins Museum *Cluny* zerrte, nur um ihm in einer Ausstellung jüdischer Ritualobjekte zwei Weizenkörner zu zeigen, auf die eine Zwillingsseele das ganze *Schema Israel* geschrieben hatte.

Walter Benjamin war auch Marcel Duchamps Zwillingsseele. Beide waren gleichermaßen Vagabunden, immer unterwegs, sie waren Exilierte der Kunstwelt ebenso wie Sammler, die mit Dingen, d. h. mit Leidenschaften, beladen waren. Beide wußten, daß Miniaturisieren »tragbar machen« bedeutet und daß dies für einen Vagabunden oder Exilierten die ideale Form ist, Dinge zu besitzen.

Aber Miniaturisieren bedeutet ebenso »verbergen«. Auch Duchamp fühlte sich immer angezogen von dem außerordentlich Kleinen, das heißt von allem, was Entzifferung erfordert: Embleme, Manuskripte, Anagramme. Für ihn bedeutete Miniaturisieren auch »unbrauchbar machen«: »Was verkleinert ist, das findet sich in gewisser Weise von Bedeutung befreit. Seine Kleinheit ist gleichzeitig Ganzes und Fragment. Die Liebe zum Kleinen ist ein kindliches Gefühl.«

So kindlich wie der Blick Kafkas, der zwar – wie man weiß – einen Kampf auf Leben und Tod führte, um in die väterliche Gesellschaft einzutreten, dies aber nur unter der Bedingung erreichen wollte, das verantwortungslose Kind zu bleiben, das er war.

Die tragbaren Schriftsteller benahmen sich immer wie verantwortungslose Kinder. Schon vom ersten Moment an verlangten sie von denjenigen, die der Geheimgesellschaft der Shandys beitreten wollten, als unumgängliche

Vorbedingung, daß sie ledig bleiben müßten, oder zumindest sollten sie so tun als ob, das heißt sie sollten wie eine Junggesellenmaschine funktionieren, so wie sie Marcel Duchamp verstand, kurz nachdem er über keinen anderen als Edgar Varèse von der Nervenkrise Andrej Belyjs erfuhr: »In jenem Augenblick, ich weiß nicht wieso, hörte ich Varèse nicht mehr zu, und mir kam der Gedanke, daß man sein Leben nicht mit zu viel belasten sollte, mit zu vielen verpflichtenden Dingen, mit einer Frau, Kindern, einem Einfamilienhaus, einem Auto, usw. Und glücklicherweise begriff ich dies sehr rasch. So habe ich lange Zeit als Junggeselle viel unbeschwerter leben können, als wenn ich mich mit all den normalen Schwierigkeiten des Lebens hätte auseinandersetzen müssen. Das ist eigentlich das Wichtigste.«

Daß Duchamp all das genau in jenem Moment begriff, als Varèse ihm von der Nervenkrise Belyjs auf dem Felsen der »Ewigen Wiederkehr« erzählte, bleibt merkwürdig. Unweigerlich fragt man sich, welche Beziehung bestehen konnte zwischen der Nervenkrise Belyjs und der Duchampschen Entscheidung, unbedingt Junggeselle zu bleiben und mit offenen Augen zu träumen, wie dies alle verantwortungslosen Kinder tun. Dies in Erfahrung zu bringen ist schwierig, praktisch unmöglich. Höchstwahrscheinlich gab es überhaupt keinen Zusammenhang. Duchamp erschien einfach plötzlich ohne irgendeine Erinnerung oder bewußte Assoziation, die eine unmittelbare Erklärung zulassen würde, das Bild einer ledigen, unmöglichen, beliebigen und wahnsinnigen Person, d. h. eines tragbaren Künstlers, oder, was dasselbe ist, von jemandem, den man getrost überallhin mitnehmen kann.

Wie dem auch war, fest steht lediglich, daß Varèses Sturz, die Nervenkrise von Belyj und die unverhoffte Erscheinung eines ledigen, beliebigen und wahnsinnigen Künstlers in Duchamps Vorstellungswelt die Pfeiler waren, auf die sich die Geheimgesellschaft der Shandys gründete.

Außer hochgradigem Wahnsinn waren damit die übrigen beiden unerläßlichen Bedingungen festgelegt, um dieser Gesellschaft anzugehören: Neben der Bedingung, daß das Werk eines jeden nicht schwer sein durfte und leicht in einen Koffer passen mußte, war es außerdem unerläßlich, daß man wie eine Junggesellenmaschine funktionierte.

Es empfahl sich auch, bestimmte Eigenschaften zu besitzen, die zwar nicht vorgeschrieben waren, aber für typisch *shandy* gehalten wurden: Erneuerergeist, extreme Sexualität, Fehlen großer Vorhaben, unermüdliches Nomadentum, intensives Zusammenleben mit dem Doppelgänger, Sympathie für die Schwarzen, Kultivierung der Kunst der Unverschämtheit.

Die Unverschämtheit beinhaltet eine Geschwindigkeit des Handelns, eine stolze Spontaneität, die die alten Mechanismen bricht und durch ihre Schnelligkeit über einen mächtigen, aber langsamen Gegner triumphiert. Schon vom ersten Augenblick an sahen die Shandys, daß nichts so wünschenswert wäre, wie die tragbare Verschwörung zu einer spektakulären Verherrlichung dessen werden zu lassen, was aus der arroganten Schnelligkeit eines Blitzes der Unverschämtheit entsteht und verschwindet. So erklärt sich, daß die Shandy-Verschwörung nur kurz bestand. Ihre herausragendste Eigenschaft war die, sich nur um der Verschwörung selbst willen zu verschwören. Drei Jahre nach dem Sturz von Varèse und der Nervenkrise von Belyj, genau an dem Tag, an dem man im Jahre 1927 in Sevilla Góngoras gedachte, löste der Satanist Aleister Crowley mit einer bewußt schauspielerhaften Geste die Gesellschaft der Tragbaren auf.

Viele Jahre nachdem Crowley den Adler der Shandys in die Freiheit entließ, bin ich in der Lage zu behaupten, daß die tragbare Gesellschaft über die fernen Horizonte der Einbildungskraft ihrer Mitglieder hinaus bestand. Sie verband diejenigen, die in der Tat eine in der Kunstgeschichte beispiellose Geheimgesellschaft bildeten.

Man wird auf diesen Seiten von denjenigen sprechen, die, wenn nicht das Leben, so wenigstens den Wahnsinn riskierten, um Werke zu verwirklichen, die wie ein rotes Tuch in irgendeiner Weise immer vom Horn des Stiers bedroht waren. Wir werden diejenigen kennenlernen, die es ermöglichten, daß man heute so leicht wie nie zuvor all denjenigen die Maske herunterreißen kann, die – wie Hermann Broch sagte – »nicht schlechte Schriftsteller sind, sondern Verbrecher«.

Wir werden diejenigen kennenlernen, die den Roman der fröhlichsten, unbeständigsten und verrücktesten Geheimgesellschaft ermöglichten, die es jemals gab: Schriftsteller, die durch ihren Tabak- und Kaffeekonsum schon schwarz geworden sind, Helden der Willkür und des Wahnsinns in der verlorenen Schlacht, die das Leben ist, Liebhaber der Schrift, wenn diese zur unterhaltsamsten und auch zur radikalsten Erfahrung wird.

Dunkelheit und Magie

Einem kurzen Gespräch mit Marcel Duchamp und ganz besonders *Witwen* und *Soldaten*, einem bisher unveröffentlichten Buch von Francis Picabia, verdanke ich die wertvollsten Informationen über die entscheidende Beteiligung zweier *femmes fatales*[1] an der Gründung der Geheimgesellschaft Shandy in Port Actif.

Im Spätwinter des Jahres 1924, so berichtet Picabia, gab es in Zürich gegenüber dem Haus Spiegelgasse Nummer 1, das heißt gegenüber dem Cabaret Voltaire, wo in jenen Tagen DADA den glücklichen fünften Jahrestag seines Verschwindens aus der Kulturszene feierte, einen Balkon in Form einer Pygmäenflöte aus Papayaholz, und auf diesem Balkon fand sich während einer Vollmondnacht ein Gabardinemantel, in dem sich eine schöne Spanierin mit dem eher furchtbaren Namen Berta Bocado unruhig hin und her bewegte, die etwas verstohlen die fortwährende Plackerei der ehemaligen Dadaisten beobachtete, welche, nebenbei gesagt, niemals bemerkten, daß sie von den Augen der Spanierin bespitzelt wurden.

In dieser Nacht war Berta Bocado wie eine Kamera mit einer offenen Blende: eine passive, minutiöse, nachdenkliche Kamera. Sie hatte gerade einen Brief ihres ehemaligen Liebhabers Francis Picabia erhalten, in dem er sie von seinen Sorgen unterrichtete und sie zugleich

[1] *femmes fatales*, jawohl. Vom ersten Augenblick an war ganz klar, daß jede Junggesellenmaschine in ihrem komplexen Mechanismus den einen oder anderen weiblichen Vampir eingebaut haben mußte, denn nur so konnte sie mit falscher Effektivität und ohne Furcht davor kaputtzugehen funktionieren, obgleich das Kaputtgehen letztlich das unausweichliche Schicksal dieser Maschinen von so nichtiger wie bemerkenswerter Produktivität war.

bat, sie solle doch versuchen, mit einem russischen Schriftsteller namens Andrej Belyj Bekanntschaft zu schließen, und herausfinden, ob dieser, abgesehen von Nervenkrisen auf historischen Felsen, auch Genie und einen gewissen Sinn für Humor besitze:

»Marcel (Duchamp) ist genauso daran interessiert wie ich« – so schloß der Brief –, »in Erfahrung zu bringen, ob Belyj zu uns gehört. Die uns bekannten Daten besagen, daß er in Deiner Straße wohnt und nachmittags mit Tristan Tzara Schach spielt. Offenbar funktioniert er wie eine Junggesellenmaschine. In seinem besten Roman, *Petersburg*, tritt als Protagonist ein Verschwörer auf, der gleichzeitig eine Junggesellenmaschine ist, die in einem Augenblick der Inspiration eine Bombe verspeist und ihr behagliches Ticken im Bauch spürt. Wahrscheinlich ist Belyj ein erstklassiger Verrückter. Wir würden es sehr begrüßen, wenn Du ihn kennenlernen könntest und uns sagtest, ob er Gemeinsamkeiten mit seinem Romanhelden hat. Wir erwarten Deinen Bericht.«

Es ist unbekannt, ob Berta Bocado aufgrund ihrer Eigenschaft als *femme fatale* oder einfach aufgrund ihrer Zerstreutheit Belyj mit einem anderen russischen Staatsbürger verwechselte, der in der Spiegelgasse wohnte und der ab und zu mit Tzara, Arp, Schwitters und Konsorten Schach spielte, sich nachts aber in seine Wohnung zurückzog und von den ehemaligen Dadaisten nichts wissen wollte. Wladimir Iljitsch Uljanow war sein Name, und er wartete in Begleitung einer gewissen Krupskaja in Zürich darauf, daß in seinem Land die Revolution ausbreche.

Wenige Tage später schickte Berta Bocado einige vollkommen irreführende Daten an Picabia und schuf so einen Irrtum, der der Konsolidierung der tragbaren

Gesellschaft überaus dienlich war: »Es handelt sich tatsächlich um einen seltsamen Russen, der sogar bei schönem Wetter mit Überziehstiefeln, Regenschirm und einem wattierten Wintermantel auf die Straße geht. Er trägt den Regenschirm in einem Überzug und seine Uhr in einem Futteral aus grauem Sämischleder; ein Federmesser, das er zum Bleistiftspitzen benutzt, befindet sich ebenfalls in einem Etui; es hat sogar den Anschein, als ob sein Gesicht in einem Überzug stecke, denn er verbirgt es immer unter dem hochgeschlagenen Kragen seines Mantels. Er trägt dunkle Brillengläser, Leinenhemden, stopft sich Watte in die Ohren, und wenn er in ein Auto steigt, befiehlt er dem Chauffeur, das Verdeck zu schließen. Mit einem Wort, man beobachtet an diesem Individuum eine beständige Neigung, um sich herum so etwas wie ein Futteral zu schaffen, das ihn abschirmen und vor jeglichem äußeren Blick schützen soll. Ich glaube, daß er sogar die Manie hat, seine Ideen in einem Überzug aufzubewahren... ich habe versucht, ihn zu verführen, aber alles, was ich erreichte, war, daß er mich zu seiner Wohnung hinaufließ. Dort angelangt begann er, sich auf eine ziemlich merkwürdige Art zu benehmen, denn er würdigte mich kaum eines Blickes und schien nur an einigen Aktenmappen interessiert, die er hektisch und krampfhaft in seinem Arbeitszimmer hin- und hertransportierte: einige dieser Mappen legte er immer wieder woanders hin, andere versteckte er. Ich vermute, sie enthielten die Manuskripte seiner Romane. Und ich betone, daß ich es lediglich vermute, weil er immer wieder darauf beharrte, kein Romancier zu sein, und erschreckt, fast würde ich sagen entsetzt, bestritt, jemals etwas über Verschwörer geschrieben zu haben, die Bomben fressen, und andere derartige Geschichten. Es war offensichtlich, daß er mich so schnell wie möglich wieder loswerden wollte, und das – du kennst mich ja – ärgerte mich. Ich nannte ihn schlecht erzogen, woraufhin er geheimnisvoll entgegnete, er sei nicht schlecht erzogen, sondern es sei schlicht seine Leidenschaft, all das zu transportieren, was ihm tragbar erscheine...«

Als Picabia den Brief erhielt, hatte er den Eindruck, es könnte sich hinter dem seltsamen Benehmen des Russen eine verschlüsselte Botschaft verbergen, die er entziffern müßte. Er brachte Tage mit Versuchen zu, einen Sinn in dem rasenden Hin- und Herlegen von Aktenmappen zu finden, bis Duchamp, der den Inhalt von Bocados Brief noch nicht kannte, ihm einen Traum erzählte und ihm damit unwissentlich den entscheidenden Weg wies, nach dem er so sehr gesucht hatte.

Duchamp erzählte ihm, daß er vier Sätze geträumt habe: die ersten drei bestanden aus Worten, die dem Gesetz der Koinzidenz unterworfen waren. Die Sätze spiegelten eine Sprache wider, die man vom Zufall erwarten konnte, dessen Konservierung, wie allgemein bekannt ist, immer Duchamps große Spezialität war. Alle Sätze, ausgenommen der letzte, sollten Jahre später in einer Anthologie erscheinen, die André Breton dem schwarzen Humor widmete:

Etrangler l'etranger
Eglise, exil
Rrose Selavy et moi esquivons les eccymoses
des Esquimaux aux mots exquis
C'est Belyj le plus vieux du *Port Atif*

Dieser vierte und letzte Satz, der einzige, der nicht aus Worten bestand, die dem Gesetz der Koinzidenz unterworfen waren, erhielt für Picabia einen magischen Sinn. Er glaubte, *Port Atif* (tragbar) sei eine Offenbarung, nämlich jenes Schlüsselwort, das auf rätselhafte Weise Duchamps Traum mit der Botschaft Belyjs verbinde. Somit lenkte er seine Aufmerksamkeit auf Port Actif, eine afrikanische Siedlung an der Mündung des Niger.

Nach nicht wenigen Schwierigkeiten gelang es ihm schließlich, vier Freunde – Duchamp, Ferenc Szalay, Paul Morand und Jacques Rigaut – davon zu überzeugen, daß es unbedingt notwendig sei, zur nigerianischen Küste aufzubrechen. So bestiegen sie an einem 27. Juli 1924 in Marseille ein Schiff, mit Kurs auf die afrikanischen Gestade einer zukünftigen Shandy-Verschwörung, von der sie in jenen Tagen noch gar nicht wußten, worin sie eigentlich bestehen sollte, die allerdings ihrer vollen Überzeugung nach in der Dunkelheit eines Kontinents das Licht der Welt erblicken müßte, der dunkler wäre als der damals noch finstere tragbare Geist.

Als sie in Port Actif ankamen, berichtet Picabia, zog sie sofort der Schrecken der unbekannten Welt an, in die sie gereist waren: »... wir fühlten uns auf ein neues Gestirn versetzt; als wir an einem Nachmittag vor Anker gingen, so erinnere ich mich, strömte eine Schar von Negerkindern an Deck: Sie steckten ihre rasierten Köpfe in die Luken unserer Kabinen und zeigten ihre schönen Augen und ein von blendenden Zähnen erleuchtetes Lächeln; sie streckten ihre zarten, wie rosige Muscheln gewölbten Hände aus, um Geld zu erbitten ... und wenig später befanden wir uns schon auf dem großen Platz von Port

Actif, der rechteckig und schön war und gespickt mit Pensionen, Bars und Läden. Marcel, Paul, Ferenc, Jacques, alle zusammen brachen in Gelächter aus, als sie entdeckten, daß es hier ein Café du Louvre gab. Dort setzten wir uns und kosteten die einzigartigen Micris, Kaffeebohnen aus Harrar, die mit einer dicken Zuckerschicht überzogen waren. Zwei Neger kamen herbei und boten uns Achate aus Ceylon, Bergkristalle von Tamojal, Silberringe, Gazellenhörner, Straußenfedern und nigerianische Schilde zum Kauf an ... aber bei Einbruch der Nacht, als bereits der anfängliche Zauber von diesem faszinierenden Ort gewichen war, befiel uns die Befürchtung, daß uns hier möglicherweise nichts Wichtiges widerfahren könnte ...«

Während drei langer Tage langweilten sie sich auf der Terrasse des Café du Louvre, und in Wirklichkeit wußte niemand von ihnen so genau, nicht einmal Picabia, der sie in dieses Abenteuer hineingezogen hatte, was sie hier eigentlich zu suchen hatten. Duchamp, der deprimierteste von allen, wiederholte unermüdlich, daß nach seiner Meinung fünf verlorene Junggesellenmaschinen in einem afrikanischen Hafen nicht viel mehr darstellten als eine lächerliche Gruppe verrückter Apparate. Picabia versuchte, am optimistischsten zu sein. Obgleich er wußte, daß er sich irrte, sah er zum Ärger seiner Freunde ständig Zeichen am Himmel oder in den Säulengängen des Platzes oder in den bewundernswerten Miniaturen, die die Neger feilboten. Aber erst am Nachmittag des dritten Tages war es soweit, daß Picabia wirklich ein interessantes Zeichen zu sehen glaubte. Es handelte sich um nichts geringeres als einen einbeinigen Neger, der auf seinem eigenen Schienbein Flöte spielte; das heißt, er war mit Lelgoualch identisch, einer fiktiven Figur aus Raymond Roussels *Impressionen aus Afrika.*

Dunkelheit und Magie. Picabia vermutete sofort, daß es sich diesmal um ein höchst bedeutsames Zeichen handeln könnte. Was es denn bedeute, fragten gleichzeitig Duchamp, Szalay und die übrigen, die es schon leid waren, Picabia bei seiner Suche nach willkürlichen Assoziationen zuzusehen, die eine Richtung im Chaos angeben sollten. Aber genau in diesem Moment erblickten sie plötzlich eine wunderschöne fremde Frau (»hochgewachsen und dunkelhäutig, von außergewöhnlicher Sinnlichkeit, eine absolut tolle Erscheinung«), die in großer Hast den Platz überquerte und, gefolgt von Lelgoualch und seinem musikalischen Schienbein, in einer Gasse verschwand.

Nach einigen Augenblicken allgemeiner Verblüffung reagierte Picabia und wollte wissen, ob die anderen dasselbe gesehen hatten wie er selbst, nämlich, wie er sich ausdrückte, eine schöne belebte Maschine. Morand sagte ihm, daß tatsächlich die komische Variante einer Orangenblüte über den Platz gelaufen wäre, Szalay mischte sich ein und behauptete in einem Versuch, die Nationalität der Fremden zu bestimmen, rundweg, daß es drei Geschlechter gäbe, nämlich das männliche, das weibliche und die Französin, die eben verstohlen den Platz überquert habe. Da erhob sich Rigaut abrupt und vollkommen außer sich, und »bereits verliebt, bevor er sie überhaupt kennengelernt hatte, brach er zur Verfolgung der *femme fatale* auf«.

Es stellte sich heraus, daß diese Frau Georgia O'Keeffe war, eine amerikanische Malerin und Bildhauerin, die in Begleitung des Dichters William Carlos Williams, eines guten Freundes von Duchamp, die afrikanische Ostküste bereiste.

Bei dem Abendessen, das diesem glücklichen Zusammentreffen folgte, zeigte sie sich begeistert, als sie Picabia über Junggesellenmaschinen, Fiktionen und andere zukünftige Verschwörungen sprechen hörte. Lelgoualch untermalte pausenlos alle Worte dieses Abendmahls mit Musik, bis sich sein bezauberndes Schienbein ehrfurchtsvoll dem Schweigen der Gruppe anschloß, als O'Keeffe die Rolle einer *femme fatale*, die sich in den Junggesellen-Mechanismus einfügte, auszuüben begann und ihre Theorie darüber ausbreitete, was sie unter extremer Sexualität verstand: Da dieses Konzept eng mit dem Funktionieren der Junggesellenmaschinen zusammenhängt, wurde es sogleich zu einem der prägendsten Shandy-Eigenschaften.

Für Georgia O'Keeffe war klar, daß das herausragendste Zeichen der Junggesellenmaschinen sexueller Natur ist, und sie behauptete daher, daß diese sich aus einer mechanischen und einer organischen Einheit zusammensetzten und daß beide Einheiten in einem geschlossenen Kreis durch komplexe Beziehungen des Genusses und des Schreckens, der Ekstase und der Strafe, des Lebens und des Todes verknüpft seien.

»Genauso wie Energie oder Libido« – so berichtet uns Picabia von dem Urteil der *femme fatale*, die sich währenddessen die Fingernägel feilte – »muß man die Liebe von ihrer genetischen Zweckbestimmtheit, dem, was wir unter Reproduktion verstehen, ablenken, um nur die Selbstbefriedigung zu suchen. Mit einem Wort, sich vereinigen aus reiner Lust, mit keinem Gedanken an Nachkommen oder anderen Schwachsinn. Das und nichts anderes verstehe ich unter extremer Sexualität.«

Nach der wörtlichen Wiedergabe von O'Keeffes Rede bricht Picabia seine Beschreibung der Gründungsversammlung von Port Actif abrupt ab und berichtet uns von dem rätselhaften und anregenden Schweigen, das unter ihnen eintrat, einem Pakt von Saboteuren: »Wenn wir bis damals unsere Vergangenheit wie einen dunstigen Kometenschweif hinter uns hergezogen hatten und herzlich wenig wußten über unsere zukünftige Verschwörung, so vereinte uns das Urteil von Georgia plötzlich in dem vollkommenen Schweigen von Saboteuren, und es fielen in jener Nacht keine Worte mehr, weil wir das für die ideale Stimmlage hielten, die es uns ermöglichte, in dem absolutesten und verlockendsten Schweigen den restlichen typischen tragbaren Eigenschaften langsam Gestalt zu geben. So also verstummten wir alle, da wir begriffen hatten, daß wirklich keine hörbare Unterhaltung zwischen uns notwendig war, weil wir uns schon seit sehr langer Zeit unterhielten, wenn auch nicht expressis verbis. Wir unterhielten uns schweigend, und unsere Unterhaltung war eine der interessantesten, die man sich vorstellen kann; ausgesprochene und für das Hören angeordnete Worte hätten nie die Wirkung dieses Schweigens erzielt.«

Über diesen Pakt der Saboteure, der das Shandytum begründete, besitze ich nicht mehr Informationen als diejenigen, die Picabia in seinem Buch bietet, aber ich glaube, das sind ausreichende und vertrauenswürdige Angaben, die den Schluß zulassen, daß dank der Definition der extremen Sexualität durch eine *femme fatale* die Geburt der Welt der Tragbaren verwirklicht werden konnte: die Geburt eines Universums, das Kind des

Irrtums und des Zufalls war; des Irrtums aufgrund der Verwechslung der beiden Russen durch Berta Bocado; und des Zufalls, weil das Zusammentreffen mit Georgia O'Keeffe die Verbannung der Mutterschaft aus der Shandy-Sprache zur Folge hatte.

Alles scheint also darauf hinzudeuten, daß die Aufnahme von *femmes fatales* in die tragbare Welt die Geburt der Geheimgesellschaft begünstigte. Aber es ist bekannt, daß mit der Geburt das Sterben beginnt. Daß sich die *femmes fatales* in den Junggesellenmaschinen installierten, bewahrte letztere nicht vor zukünftigen irreparablen Schäden, denn schon in dem Augenblick, in dem sie sich von Leben erfüllt und tragbar wähnten, umarmten sie den Tod, was sowohl das unmittelbare Auftauchen des Wortes »Selbstmord« an ihrem Horizont erklärt als auch die Tatsache, daß sich einer der Tafelrunde von Port Actif, nämlich derjenige, der sich in die *femme fatale* verliebt hatte, noch an Ort und Stelle dem Verhängnis eines tragbaren Büros verschrieb: einer Generalagentur für Selbstmord.

Selbstmorde im Hotel

Offenbar ist es eine geschichtliche Konstante, daß es unter den Gründern jeder Geheimgesellschaft immer jemanden gibt, der just das Gegenteil von dem tun will, was die übrigen tun. In diesem Fall empfanden alle aus der Tafelrunde von Port Actif große Liebe zum Leben, ausgenommen Rigaut, der sich vom ersten Augenblick an auf die Seite des Todes stellte (»Vous êtes tous de poètes et moi je suis du côté de la mort«), genauer gesagt auf die Seite des Selbstmordes. Dieses Wort sollte erst an jenem Tag aus der Shandy-Sprache verbannt werden, als Rigaut sich nach zwei Jahren des Zauderns in einem Luxushotel der Stadt Palermo umbrachte.

Er brauchte so lange für diese Entscheidung, daß ihm vorher noch Zeit blieb, die berühmte Welle jugendlicher Selbstmorde 1924 in Paris als Zuschauer mitzuerleben, eine Mode, die von einem aus der Runde von Port Actif scharf kritisiert wurde: »All dieses Sich-das-Leben-Nehmen« – schrieb Szalay – »scheint heutzutage ausschließlich eine Angelegenheit von Jugendlichen mit dem Hang zu Dummheiten zu sein, und der jüngste und dümmste von allen, oder zumindest der, der uns am nächsten steht, ist der ungestüme Rigaut; es muß etwas geschehen mit der extremen Jugend und dem Selbstmord, zwei Worte, die offenbar heute eng zusammengehören und die sehr wenig mit dem tragbaren Geist zu tun haben.« Und Paul Morand schloß einen Vortrag in Reims mit folgenden Worten: »Es ist nichts Ernstes, meine Herren. Wenn jemand sich das Leben nehmen will, muß er es schnell hinter sich bringen, das heißt, wenn er noch ein

Kind ist; es später zu tun wirkt leicht lächerlich, denn man kann nicht schüchtern bleiben, wenn man schon über sieben Jahre alt ist.«

Rigaut schenkte den Worten seiner Freunde wenig Beachtung, denn seit seiner Rückkehr aus Afrika hatte der Selbstmord für ihn den Stellenwert eines einzigartigen Sakraments erlangt. Seine ersten Schritte auf diese endgültige Tat zu hat er in Port Actif unternommen, als er, ohne jemanden davon zu unterrichten, in den Urwald eindrang und in einer finsteren Nacht großer Bäume verschwand, in der er, umgeben vom feuchten Schweigen der Blätter, den Vorwand erfand, er sei hoffnungslos in Georgia O'Keeffe verliebt, um sich so immer stärker vom Selbstmord in Versuchung geführt zu fühlen, denn er war davon überzeugt, daß seine Angebetete ihn unbesehen zurückweisen würde, und so geschah es dann auch. Aber wie ich schon sagte, es hinderte ihn nicht daran, noch zwei Jahre mit seinem Selbstmord zu zögern.

Während dieser Zeitspanne gewann er gerade durch das tiefe Gefühl seines Unglücks und die Aussicht auf den Selbstmord seinen Sinn für Humor zurück, was sich leicht anhand des Textes, oder besser gesagt der Werbeanzeige, feststellen läßt, die er bei seiner Rückkehr aus Port Actif in Paris verfaßte, um für seine Generalagentur für Selbstmord, einem einzigartigen Büro in der Geschichte der tragbaren Literatur, Reklame zu machen:

»Die Generalagentur für Selbstmord bietet endlich ein angemessenes Ambiente, um aus dem Leben zu scheiden, denn der Tod ist der einzige aller Schwächeanfälle, der sich niemals entschuldigen läßt. Daher wurden Express-Bestattungen eingerichtet mit Bankett, Defilée von Freunden und Bekannten, Fotografie (oder Totenmaske, wahlweise), Verteilung von Andenken, Selbstmord, Bestattung im Sarg, religiöse Zeremonie (fakultativ) und Überführung des Leichnams zum Friedhof. Die Generalagentur für Selbstmord ist gerne bereit, den letzten Willen ihrer verehrten Kunden auszuführen.«

Zwei Monate nach Veröffentlichung dieser Anzeige ließ Rigaut überstürzt sein Büro für Selbstmord im Stich und schiffte sich nach Amerika ein. Sein Faible für die Inszenierung trauriger Komödien führte ihn wahrhaftig bis vor die Tür des Hauses von William Carlos Williams (den er für den Liebhaber der O'Keeffe hielt), wo er die tiefe Verzweiflung des verschmähten Liebhabers zur Schau zu stellen suchte.

Wir kennen sehr interessante Details seiner Überfahrt, weil er sich mit einem eleganten Passagier anfreundete, dem Fotografen Man Ray, der Jahre später auf unbarmherzige Weise alles in einem lustigen Buch, *Travels with Rita Malú*, erzählen sollte, in dem Rigaut als pathetischer und gekünstelter Edelmann beschrieben wird, der sich in einer Verzweiflung gefiel, an die nicht einmal er selbst glaubte, denn bei vielfältigen Gelegenheiten verriet ihn sein Sinn für Humor. Kaum in New York angekommen, fühlte er beispielsweise den inneren Drang, folgende Anzeige in der Lokalpresse aufzugeben:

»Armer, durchschnittlicher Junge, 21 Jahre, saubere Hände, möchte Ehe eingehen mit Frau, 24 Zylinder, gesund, erotoman oder anamitisch sprechend, möglicherweise mit Nachnamen O'Keeffe. Zuschriften an Jacques Rigaut, 73 boulevard de Montparnasse, Paris. Ohne festen Wohnsitz in New York.«

Sobald diese Anzeige aufgegeben war, begab er sich zum Haus von William Carlos Williams, der die Tür öffnete und beim Anblick des grotesken, aus der Fassung geratenen Gesichts des zukünftigen Selbstmörders ein unbändiges Gelächter ausstieß. Vor ihm stand Rigaut mit einem Orchideenstrauß in der Hand, einer gewissen angeschminkten Blässe im Gesicht und ganz so, als sei er das Opfer eines Liebesfiebers geworden, das ihm das Herz zerriß.

All das war ein Spektakel, das eine Fotografie wert war, und Man Ray, der Rigaut bis zum Haus begleitete, verlor keine Zeit. Seine Momentaufnahme, die unter den ersten Shandys kursierte, diente dazu, diese in ihrer Auffassung zu bestärken, daß in der Geheimgesellschaft kein Platz sei für unfreiwillige Komik oder fingierte Verzweiflung, das heißt für die extreme Jugend.

Die erwähnte Begegnung an der New Yorker Haustür führte auch dazu, daß der nordamerikanische Dichter sich mit Man Ray anfreundete und daß dieser, der schon mit Duchamp befreundet war, seinerseits eine enge Beziehung mit Georgia O'Keeffe und den erstklassigen Shandys einging, die Georgia seit ihrer Rückkehr aus Port Actif nach und nach geduldig in den erlesensten Künstlerkreisen einer Stadt rekrutierte, die dank dem entstehenden tragbaren Furor allmählich ihre Provinzialität verlor.

Unter den Freunden von Georgia O'Keeffe sind Walter Arensberg, Pola Negri, der Fürst Mdivani, Skip Canell und Robert Johnson hervorzuheben. Letzterer offenbarte sich unter Man Rays Augen als »von den Zügen der Leere, der Zerrissenheit und des vorausgefühlten Todes gezeichnet«. Auf jeden Fall war er eine recht seltsame Person.

Schon seit langem kam Johnson zu all seinen Verabredungen mit einem sehr leichten Köfferchen. Jedermann glaubte, daß es die Miniaturausführungen seiner Gemälde enthielt, bis man entdeckte, daß es sich in Wirklichkeit um einen Picknick-Koffer mit einer Suppenschüssel, vier Tabletts, zwölf Tellern, sechs Gläsern und einer silbernen Barock-Teekanne handelte.

Aber das Seltsamste an Johnson war, daß er auf gewisse Weise Rigaut ähnelte, im Unterschied zu ihm jedoch offenbar unheimliche Eile hatte, diese Welt zu verlassen. Als Rigaut ihn kennenlernte, war er erstaunt, beschämt und vor allem sehr beunruhigt, sich einem Selbstmörder gegenüber zu sehen, der viel entschlossener war als er selbst. »Schau mich noch einmal gut an diese Nacht« – sagte ihm Johnson – »denn ich bezweifle, daß du mich wiedersehen wirst. In ein paar Stunden werde ich nicht mehr existieren.« Und tatsächlich beschloß Johnson, wenige Augenblicke nachdem er nach Hause zurückgekehrt war, die vor langer Zeit begonnene Aufgabe zu Ende zu führen, die in einer sehr feinen Juwelierarbeit bestand, nämlich den Henkel der silbernen Barock-Teekanne so lange zu polieren, bis er eine vollkommen abgerundete Form besaß und als Projektil dienen konnte, um sich das Hirn rauszublasen.

Johnson hätte bestimmt nicht im Traum daran gedacht, daß sein Tod ihn zu einer Art New Yorker Werther machen würde: Diese Stadt bevölkerte sich nun von abends bis morgens – Paris imitierend – mit jungen Selbstmördern, die sich, fasziniert von diesem Tod mit der barocken Silberkanne, von den Hängebrücken stürzten, nicht ohne zuvor lustige Briefe an die Richter zu schreiben, in denen sie die unterschiedlichsten Motive darlegten, die es dafür gab, aus diesem Leben zu scheiden.

Einer dieser jungen Selbstmörder, der Bruder des Bildhauers Gaudier-Brezska, widmete dem Richter folgendes bewundernswerte Kleinod von einem Gedicht: »Morgen, das Ende/Das Ende, morgen./Für morgen das Ende./Das Ende, für morgen./Morgen, endlich.«

Die Selbstmordwelle war so gewaltig, daß Skip Canell, ein enger Freund Johnsons, Rigaut bat, als anerkannte Autorität auf dem Gebiet des Selbstmords unverzüglich einen dringenden Aufruf an die Jugend zu erlassen, sie möge von solch selbstmörderischer Neigung Abstand nehmen. So kam es, daß Ende Dezember 1924 in den Seiten der *New York Times* ein von Jacques Rigaut unterzeichneter Leserbrief erschien:

»Es gibt keinen Grund zu leben, aber es gibt auch keinen zu sterben. Ich möchte, verehrter Herr Chefredakteur, daß die Jugendlichen ihrer Stadt durch diesen Brief begreifen, daß die einzige uns erlaubte Art, unsere Lebensverachtung zu demonstrieren, darin besteht, das Leben zu akzeptieren. Es verdient nicht, daß wir uns die Mühe machen, es zu verlassen... Selbstmord ist sehr bequem, viel zu bequem: Ich habe mich nicht umgebracht. Mir bleibt die Besorgnis, die darin besteht, daß ich nicht aus dem Leben scheiden will, ohne zuvor sicherzugehen, daß ich die Freiheitsstatue, die Liebe oder die Vereinigten Staaten mitnehme. Mit diesen Zeilen protestiere ich auf das energischste gegen diese absurde Selbstmordwelle auf den Hängebrücken. Jugendliche von New York, sucht prächtige Hotels aus, wenn ihr dieses Leben verlassen wollt. Es gibt Hotels, die offen gestanden sehr literarisch sind. Und schließlich, die literarische Welt erholt sich in den Hotels von den Anstrengungen der Phantasie. In Europa weiß man das schon seit langem, und nur die Selbstmorde im Ritz werden für elegant gehalten.«

Die Veröffentlichung dieses Briefes hatte nicht die von Skip Canell erwünschte, sondern eine entgegengesetzte Wirkung, und erhöhte skandalöserweise die Anzahl der Selbstmörder und der Briefe an die Richter. Berühmt wurde, was der Lieblingsneffe von Skip Canell schrieb: »Herr Richter, ich habe das Vergnügen, Ihnen mitzuteilen, daß ich jenen Tag für meinen Selbstmord ausgesucht habe, an dem ich durch den Tod meines Onkels ein großes Vermögen erbe.«

Laut Man Ray half ihnen Rigauts Brief, einen neuen, für die Shandys typischen Charakterzug zu entdecken, nämlich die radikale Ablehnung jeglichen Gedankens an Selbstmord und zugleich jeglicher neumodischer, romantischer Ticks: »Der Text von Rigaut bewies, daß er unter uns der einzige Anhänger des Selbstmordes war. Uns anderen erschien beispielsweise ein Wasserflugzeug fraglos millionenmal attraktiver als flatternde Haarmähnen und Heinrich von Kleists selbstmörderische Verdauungsstörung am grünen Ufer des Wannsees.«

Plötzlich quälte einer der New Yorker Selbstmorde Rigaut. Sein bester Freund in der Stadt, der Portier im Ritz war, erhängte sich in der Empfangshalle des Hotels. Traurig und beschämt nahm Rigaut sein Köfferchen und kehrte überstürzt nach Paris zurück, wo er zu einem schwermütigen Menschen wurde, dessen mächtiger Schatten ruhelos durch die Straßen von Montmartre irrte. Dabei versuchte er vergeblich, den Selbstmord aufzuschieben, der ihm mit jedem Tag unausweichlicher erschien. In Begleitung einer schönen Schwarzen, Carla Orengo, zog er von Hotel zu Hotel und schleppte immer einen schweren Schrankkoffer mit sich, in Wirklichkeit ein Sekretär, der mit zwei Regalen für alte Schmöker, drei Schubladen für Dokumente, außerdem einem Fach für die Schreibmaschine und einem zusammenklappbaren Tisch ausgestattet war. Man Ray meint, daß das Gewicht dieses Schrankkoffers, von dem auch Rigaut einsah, daß er untragbar war, einer der Gründe gewesen sein könnte für seinen letztendlichen Entschluß, Selbstmord zu begehen, für den er das Grand Hotel der Stadt Palermo auswählte.[1]

Ende 1926 ließ sich Rigaut schließlich in besagtem Hotel nieder, nachdem er alle Vorkehrungen getroffen hatte, um nie mehr nach Paris zurückzukehren. In den Schubladen seines Schrank-Sekretärs bewahrte er alle möglichen Barbiturate auf, die er unermüdlich einnahm. Er war in eine große Pillenorgie versunken und versuchte, sich so zu töten, oder erwartete, daß sie ihn tötete, als ob er jetzt am Tod Geschmack fände, vor dem er vorher zurückgeschreckt war.

Am selben Morgen, an dem er sein Hotel verlassen

[1] Der exakte Name ist *Grand Hotel et des Palmes*. Nach dem Selbstmord von Rigaut wurde es zu einem Wallfahrtsort für all jene, die im Besitz des tragbaren Geheimnisses waren. Heute kann man das Hotel besuchen, und die Mühe lohnt sich, weil es andere Dinge von geschichtlichem Interesse aufweist. Hier spiegelt sich beispielsweise das Kapitel vom Glanz und Elend Siziliens im Übergang von der Savoyen-Herrschaft zur Republik rein und klar wider. Da das Hotel von einer Gemeinschaft akademischer Elefanten geleitet wird, möchte ich nicht versäumen, darauf hinzuweisen, daß den Besuchern nur dasjenige Zimmer gezeigt wird, in dem Wagner übernachtete, und man so tut, als ob Rigaut niemals hier gewesen wäre.

sollte, um eine Entziehungskur in Kreuzlingen zu beginnen, wurde er tot aufgefunden. Trotz seiner außerordentlichen Schwäche hatte er sich mit seiner Matratze bis an die Verbindungstür zum Zimmer von Carla Orengo geschleppt. Diese Tür stand immer offen, aber jetzt fand man sie abgeschlossen. Ein letztes Zeichen auf einer Matratze, so grotesk wie unentzifferbar.

Man Ray berichtet, daß die Shandys bei Bekanntwerden der Nachricht in Paris meinten, sie müßten in der Folgezeit jegliche weiteren selbstmörderischen Anwandlungen im Schoße der Geheimgesellschaft vermeiden, und verbreiteten daraufhin Texte aller Art, die davon handelten, wie unübertrefflich dieser Selbstmord gewesen sei; wenn sie ihn als etwas Unübertreffliches darstellten, so glaubten sie, ließen die zukünftigen Tragbaren von der Idee ab, mit Rigaut auf dem Gebiet des Selbstmordes konkurrieren zu wollen. Blaise Cendrars beispielsweise schrieb: »Im Hotel von Palermo bildeten der Schlüssel, das Schlüsselloch und diese verschlossene Öffnung in diesem Augenblick und zweifellos für immer ein rätselhaftes Dreieck, in dem sich uns Rigauts Werk gleichermaßen darbietet und verweigert. Auf alle Fälle ein unübertrefflicher Selbstmord. Ich empfehle meinen Freunden, ihn nicht übertreffen zu wollen, denn das ist eine vollkommen unlösbare Aufgabe, und es gibt nichts Schlimmeres, als sich zu töten, sich lächerlich zu machen und am Ende nicht einmal zu erfahren, daß man sich lächerlich gemacht hat.«

Nach der Meinung von Maurice Blanchot, der in *Faux Pas* das tragbare Phänomen kurz, aber brillant abgehandelt hat, sollte mit der Hervorbringung von Texten, die den Selbstmord ausrotten wollten, eigentlich nicht der

Nächste überzeugt werden, sondern viel eher der Autor des jeweiligen Textes selbst. Höchstwahrscheinlich traf dies in einigen Fällen zu; klar ersichtlich ist es beispielsweise in *Und die Matratze?*, einem Gedicht, das der Fürst Mdivani in einem unbeweglichen Unterseeboot schrieb. Ihm muß die Feder in der Hand gezittert haben, oder er wurde verrückt oder einfach nur von der Panik ergriffen, der Selbstmord könnte ihn in Versuchung führen. Auf jeden Fall schrieb er diese nicht vorzeigbaren Verse auf die Barbiturate von Rigaut: »Phanodorme, Variane, Rutonai./Hipalène, Acetile, Sonothai. /Neurinase, Veronin, *Good bye.*«

Paul Morand, dem es niemals an Humor fehlte, interpretierte dieses Gedicht als »etwas wirklich Geniales, weil es mir die Möglichkeit entdeckt hat, den Selbstmord auf dem Gebiet der Schrift selbst zu verwirklichen«.

Den Selbstmord auf dem Gebiet der Schrift selbst verwirklichen. Was als ironischer Kommentar verstanden war, wurde schließlich zu einem Prinzip, mit dem alle Mitglieder der Geheimgesellschaft einverstanden waren. So stand es außer Frage, daß der Selbstmord in Zukunft nur noch auf dem Papier realisierbar sein könnte. Antonin Artaud beispielsweise antwortete auf eine surrealistische Umfrage, in der man wissen wollte, wie die Befragten über den Selbstmord dachten: »Was hielten Sie von einem vorher verübten Selbstmord, von einem Selbstmord, der uns umkehren ließe, aber zur anderen Seite der Existenz und nicht *auf die Seite des Todes*? Das allein hätte einen Wert für mich. Ich verspüre keine Begierde nach dem Tod, ich spüre Begier, *nicht zu sein*, niemals in diese Kurzweil aus Dummheiten, aus

Entsagungen, Verneinungen und abgestumpften Begegnungen verfallen zu sein...«

Obgleich anfangs, wie wir gesehen haben, das Drama eines jeden Shandys darin bestand, sich bewußt zu werden, daß man auf die Seite des Todes gefallen war, sah man schnell ein, daß der Selbstmord niemals eine Lösung war und nur auf dem Gebiet der Schrift selbst realisiert werden konnte, sei es, wie wir sehen werden, indem man in radikalstes Schweigen verfiel, oder aber, indem man sich selbst in eine literarische Figur verwandelte oder indem man die Sprache selbst verriet oder indem man Liköre trank, die so stark wie geschmolzenes Metall waren, oder indem man sich der Sinnestäuschung oder dem optischen Irrsinn oder einer bestimmten Variante des Vexierspiels zuwandte – lauter tragbare Lösungen für jeden Geschmack, in der gemeinsamen Anstrengung, die Sprache des Todes hinter sich zu lassen, die Rigaut, zwei Jahre bevor er mit einem Schrankkoffer beladen durch Montmartre zog, zwischen afrikanischen Impressionen entdeckt hatte, dort drüben in Port Actif, wo alles begann.

Das Fest in Wien

Ich war wirklich eingeladen.
Scott Fitzgerald, Der große Gatsby

In den ersten Tagen des Jahres 1925 erschien der Musiker George Antheil mit überschäumender Kraft im Aktionsfeld der ersten Shandys und stiftete mit seinen Bemerkungen über die Nikotechnie (eine von Antheil selbst erfundene Wissenschaft, die nach seinen Worten eine Quelle der Weisheit bilde, welche unter Beweis stelle, daß auch nicht im entferntesten eine leichte und fröhliche Geheimgesellschaft existieren könne) Verwirrung und eine gewisse Mutlosigkeit unter den Tragbaren. Dann veröffentlichte Antheil inmitten der Verwirrung, die er gestiftet hatte, ein merkwürdiges Büchlein[1], das die Tugend hatte, die Shandys wiederzubeleben und sie zu einer Art geheimer Euphorie zu führen, die sehr kreativ war und außerordentliche Folgen hatte, wie etwa jene brillante Schrift des unglückseligen Anthony Typhon, in der er dic Verwirrung als unerschöpfliche Quelle neuer und stimulierender Empfindungen pries.

Bleibt zu sagen, daß die persönliche Verwirrung von Anthony Typhon so groß war, daß er schließlich das »h« aus seinem Vor- und Nachnamen eliminierte. Zur gleichen Zeit schlug er eine Auszeichnung für George Antheil vor, was ihm unmittelbar darauf den Ausschluß aus der Gruppe eintrug, denn, wenn es etwas gibt, was alle

[1] *Die Nikotechnie, widerlegt.* Da es sich um einen Text ohne größeres Interesse handelt, nehme ich diesen Titel nicht in die Basis-Bibliographie auf, die der Leser auf den letzten Seiten dieses Geschichtsbuches finden wird. Gewisses Interesse verdient ein exaltiertes Kapitel, in dem der Tabak gepriesen wird.

Shandys ausnahmslos erschreckte, dann war es jegliche Art von Orden, Medaillen oder Auszeichnungen.

Typhon flüchtete nach Martinique, wo er ein Schreibwarengeschäft in einem Dorf eröffnete, in dem niemand schreiben konnte außer ihm selbst, was ihn ruinierte, weil er seine eigene Ware aufbrauchte. Ab und zu schrieb er Briefe an Antheil, in denen er in einem Ton um Verzeihung bat, der außerordentlich aufrichtig klang, jedoch am Ende des Sendschreibens immer widerlegt wurde, wenn er unausbleiblich dasselbe Postscriptum anfügte (»In letzter Zeit arbeite ich an der Perfektionierung eines Liebesspiels und benutze dabei Teer«) und mit Typ(h)on unterzeichnete, zynischerweise die Umrisse eines Ordens oder einer Medaille imitierend.

George Antheil, der Jahre später der Komponist des polemischen *Ballet Mécanique* sein sollte (Shandy-Musik par excellence), gewöhnte sich daran, Briefe von Typhon zu erhalten und ihnen nicht mehr als eine Minute seiner Zeit zu widmen, da ihn die tragbare Verschwörung schon 24 Stunden am Tag beschäftigte. Beispielsweise fand kein anderer als Antheil den idealen Ort für die ersten geheimen Zusammenkünfte, nämlich die Buchhandlung Shakespeare & Co., Hausnummer 12 in der Rue de l'Odeon, die von Sylvia Beach geführt wurde.

George Antheil lebte in einer Zwei-Zimmer-Wohnung, die über der Buchhandlung lag. Er betrat seine Wohnung gewöhnlich durch das Fenster, indem er in Shandy-Manier an der Fassade des Gebäudes hochkletterte. Wie Sylvia Beach in ihren mittelmäßigen Memoiren erzählt, trafen sich die Tragbaren jeden Freitag in der Buchhandlung, und ab und zu wurde ein neues Mitglied

in die Gesellschaft aufgenommen. Antheil war der Zeremonienmeister. Und offenbar war er auch der Erfinder der Methode, tragbare Künstler in den Straßen von Paris aufzuspüren. Im Verlauf eines Jahres flanierte Antheil über die Terrassen von Montparnasse und Saint-Germain, wobei er in vollkommenem Schweigen und mit den Gebärden eines Verschwörers das Alphabet der Taubstummen verteilte. Neben dem Alphabet standen Anweisungen, die auf den ersten Blick unverständlich waren. Es waren zwölf Sätze, die lediglich für denjenigen einen Sinn ergaben, der bemerkte, daß bei einer vertikalen Lektüre die Anfangsbuchstaben jeder dieser zwölf Sätze folgende Adresse ergaben:
Sept rue Odeon.

Andererseits erweckte der erste Satz, in spanischer Sprache geschrieben, ein gewisses Interesse, wenn sich jemand die Zeit damit vertrieb, das Wort zu lesen, das sich aus den Großbuchstaben ergab: Si Hablas Alto Nunca Digas Yo. (Wenn du laut sprichst, sag niemals Ich.)

Also *Shandy*.

Man muß beachten, daß sich das Wort Shandy nicht nur auf Laurence Sternes Buch bezieht, sondern auch eine alkoholische Bedeutung besitzt. In London ist der Shandy ein sehr beliebtes Getränk, das aus einem bitteren, mit Limonade oder Ginger Ale gemischten Bier besteht. Im Sommer löscht man seinen Durst mit einem eisgekühlten Glas Shandy.

Also, die Adresse eines Hauses in der Rue de l'Odeon und das Wort Shandy. Diejenigen, die das entdeckten, verstanden, daß man sie durch mysteriöse Vermittlung einlud, in einem bestimmten Haus Shandy zu trinken. Und sie kamen unverzüglich herbei, um im Umkreis von

Hausnummer 7 neugierig herumzustöbern. Dort stellte ihnen Blaise Cendrars folgende einfache Frage: »Sind Sie taubstumm?« »Ja«, antworteten sie für gewöhnlich. Blaise Cendrars deutete dann auf die Buchhandlung von Sylvia Beach und entfernte sich langsam mit dem unverwechselbaren Gang des Verschwörers und den Worten: »Wie Sie sehen, handelt es sich nicht um die Nummer 7, sondern um die 12. Am Freitag um 8 erwarten wir Sie.«[1]

Unter den Shandys, die von Antheil und Cendrars auf der Straße eingefangen wurden, stach vom ersten Augenblick an Valéry Larbaud hervor, der der erste große Förderer der ersten Welttagungen der Taubstummen wurde, die in Shakespeare & Co. stattfanden.

Valéry Larbaud war ein tragbarer Künstler par excellence. Beispielsweise besaß er eine extreme Sexualität und verwarf radikal jeden Gedanken an Selbstmord. Außerdem war sein intensives Zusammenleben mit dem Doppelgänger bemerkenswert, ebenso wie seine Sympathie für die Schwarzen, sein perfektes Funktionieren als Junggesellenmaschine, die Abwesenheit großer Vorhaben, seine Kultivierung der Kunst der Unverschämtheit und seine Neigung, mit einem Köfferchen zu reisen, das sein unbeschwertes Werk enthielt.

Wie man sieht, ein wirklich vollkommener Shandy. Er war der typische mondäne und kultivierte Mensch, der, ohne irgendeine Besonderheit geringzuschätzen, eine grenzenlose internationale Kultur anstrebte, eine Welt großer Horizonte und großer Ursprünge, ein schönes Ideal zwischen den beiden Weltkriegen.

Man erzählt sich, daß seine Berufung zum Reisenden

[1] 7, 12 und 8 ergeben zusammen 27, was, wie man später sehen wird, die Shandy-Zahl par excellence war.

kindlich war: Ihn entzückte der Geruch des Leders, die Züge, die Landschaft, die unbeweglich erschien und doch zurückblieb. Er war erst fünf Jahre alt, als er zum ersten Mal die Grenze, diejenige zwischen Frankreich und der Schweiz, überquerte, und es erstaunte ihn, keine rote oder lila Linie zu sehen, die die Grenze zwischen beiden Ländern markierte wie auf den Landkarten, deren aufmerksame Durchforschung sein erstes Spiel war.

Als guter Tragbarer war er auch ein Enthusiast der Miniaturen. In ihren Memoiren erzählt Sylvia Beach, daß er ein riesiges Heer von Zinnsoldaten besaß und sich darüber beklagte, daß sie beginnen würden, jedes Zimmer seines Hauses zu erobern, doch er habe nichts dagegen unternommen: »Diese Soldaten standen vielleicht in Beziehung zu einer anderen seiner riesigen Sammlungen, etwa derjenigen der Wimpel; sie waren blau, gelb und weiß wie die Manschettenknöpfe seiner Hemden und wie seine Krawatten. Immer wenn er sich in seinem Landhaus aufhielt, hingen sie von der Decke, wenn er auch gewöhnlich nicht oft dort war, weil er lieber in Paris weilte oder reiste.«

Er war auch ein Reisender der Worte: »Ich habe die Manie, Uhren aufzuziehen, die Zeit einzustellen, die Dinge an ihren Platz zu rücken, das Beschlagene aufzupolieren und ans Licht zu holen, was in den Schatten verbannt war, die alten, auf den Dachböden vergessenen Spielzeuge der Zivilisation zu reparieren und zu putzen...«

Auf einem dieser Dachböden geschah es auch, daß er denjenigen Satz auswählte, der als Eidesformel dienen sollte, wenn jemand der Geheimgesellschaft beitreten wollte. Es handelte sich um ein Zitat aus *Tristram Shandy*: »Der Ernst ist ein mysteriöser Kontinent des Körpers, der dazu dient, die Fehler des Geistes zu verbergen.«

Und nimmt man zu alldem noch seine Leidenschaft für die Entdeckung unveröffentlichter literarischer Talente, in denen sich Portatilismus verrät, hinzu (Savinio, Littbarski, Gómez de la Serna, Stephan Zenith und der sehr junge Borges wurden unter anderem von ihm entdeckt und eingeladen, der Geheimgesellschaft beizutreten), entsteht in groben Zügen das Porträt dieses Autors, dessen Figur, wenn auch im Gegenlicht des kulturellen Panoramas des Jahrhunderts, fundamental erscheint, will man ein wenig von der Konsolidierung der tragbaren Literatur begreifen, denn Larbaud war der Organisator des Shandy-Festes, das im März 1925 in Wien stattfand.

Einen Monat zuvor reiste Larbaud in diese Stadt, um das Terrain dahingehend zu prüfen, ob hier ein Fest durchführbar wäre, das wegen seines ultrageheimen Charakters spezielle Voraussetzungen erforderte. Für den gebildeten Reisenden, der damals nach Wien gelangte, war der wichtigste und imposanteste Mann, der zu dieser Zeit in dieser Stadt lebte, Karl Kraus. Niemand hatte daran den geringsten Zweifel. Es handelte sich um einen Schriftsteller, der alles Schlechte und Morsche angriff. Er gab eine Zeitschrift heraus, die er selbst schrieb, ganz allein. Alles, was er an Zusendungen bekam, hielt er für ungeeignet, und er nahm von niemandem Mitarbeit an noch beantwortete er Briefe. Jedes Wort, jede Silbe, die *Die Fackel* veröffentlichte, stammte aus seiner eigenen Feder. Alle seine Ausführungen waren unerbittlich genau; nie zuvor hatte es eine ähnliche Gewissenhaftigkeit in der Literatur gegeben. Gewissenhaft sorgte er sich um jedes Komma, und wer einen Druckfehler in *der Fackel* finden wollte, konnte sich ganze Wochen damit quälen. Vernünftigerweise ließ man sich darauf gar nicht erst ein.

Kurz vor Larbauds Ankunft in Wien aber beschloß ein wahnsinniger junger Schriftsteller namens Werner Littbarski zusammen mit Virgilio, seinem schwarzen brasilianischen Diener, diesen Druckfehler zu finden, und nach mehreren Tagen und schlaflosen Nächten fand er ihn tatsächlich. Gemeinsam mit Virgilio begoß er diesen Erfolg mit Champagner und bildete sich ein, daß er von einer großen Freundesschar besucht würde, deren Stimmen und Schreie er mit bemerkenswertem Getöse nachahmte. Damit belästigte er – wieder einmal – die Nachbarn, die schon seit langem wußten, daß dies die große Spezialität von Littbarski war: zu simulieren, daß er in seinem Haus Massenfeste abhielt.

In den Tagen, die auf die triumphale Entdeckung des Druckfehlers folgten, stellte Littbarski in der alten Druckkerei seines Vaters eine anti-kraussche Zeitschrift mit dem Titel *Ich vermute*[1] her und trug somit dazu bei, daß sich sein Image eines Verrückten in der Nachbarschaft noch festigte. Die 24 Seiten der ersten und einzigen Nummer der Zeitschrift hatte Littbarski von A bis Z selbst geschrieben, abgesehen von einem von Virgilio verfaßten Leitartikel, der folgendermaßen begann: »Heute habe ich es aufgegeben, zu irgendwas irgendeine

[1] Eine Faksimile-Ausgabe unter dem Titel *Supongo* (zweifelhafte Übersetzung von *Ich vermute*) wurde in der Nummer CCLXXI der *Papeles de Son Armadans*, Palma de Mallorca, Oktober 1979, wiederabgedruckt.

Meinung zu haben.« In Littbarskis Zeitschrift konnte man an Kraus gerichtete Beschimpfungen, Witze zweifelhaften Geschmacks, Reklame für starke Liköre, indische Ansichtskarten, mysteriöse Geleitbriefe, pornographische Erzählungen, Zeichnungen von Elefantenzähnen, komische Bildgeschichten mit der Großmutter von Kraus als Hauptdarstellerin und, alles in allem, eine obszöne Entfaltung grenzenloser Aggressivität finden.

Ganz Wien bemitleidete Littbarski, denn wenn man ihn auch schon vorher, als er Feste vortäuschte, für verrückt erklärt hatte, konnte ihm jetzt die bodenlose Anmaßung, sich über Karl Kraus lustig zu machen, nur Mißfallen und einen größeren sozialen und intellektuellen Mißkredit einbringen.

Als aber Valery Larbaud in seiner Mission als Geheimbotschafter der Shandys in Wien angekommen war, sah er in Littbarski den idealen Gastgeber, nach dem die Tragbaren für ihr internationales Fest suchten, das fern von Paris und anderen neuralgischen Zentren des Shandyismus gefeiert werden sollte und das außerdem unbemerkt von den Blicken der Bürger, die in die Geheimbewegung der Tragbaren nicht eingeweiht waren, stattfinden mußte.

Vom ersten Augenblick an war Larbaud klar, daß eines dieser vorgetäuschten Feste von Littbarski ein tatsächliches verdecken könnte, an dem eine große Zahl von Verschwörern aus allen Erdteilen teilnehmen könnte, deren Anwesenheit in Wien vollkommen unbemerkt bleiben würde, wenn sie es verstünden, sich rechtzeitig im Morgennebel aus dem Staub zu machen.

Davon überzeugt, daß jene so unproduktive wie verrückte und tragbare Energie Littbarskis leicht in die

Richtung des luxuriösen und unnützen Planeten Shandy gelenkt werden könnte, schickte Larbaud ihm einen Brief, in dem er ihm schließlich mittels einer etwas konfusen Botschaft einen Geheimschlüssel anbot – das war das einzig Klare in diesem Brief –, der neue Freundschaften entstehen ließ und die Mitglieder einer kleinen Untergrund-Gesellschaft verband, die sich unmerklich und unaufhörlich vergrößerte.

»Ich verstehe, mein Freund« – antwortete Littbarski –, »ich verstehe. Und Sie sollen wissen, daß mich Ihr Schlüssel interessiert. Er öffnet die Tür einer dieser Loggien, die sich, seitdem ich Kind war, weniger verändert haben als andere Räume. Sie sind mir nicht nur darum nahe. Es ist vielmehr des Trostes wegen, der in ihrer Unbewohnbarkeit für den liegt, dem es kaum noch gelingt, sich irgendwo endgültig niederzulassen. In ihnen haben die Behausungen ihre Grenzen. Wien wird in ihnen geboren, und ich wurde in Wien geboren, um ihnen zur Wiedergeburt zu verhelfen.

P. S.: Ich bin tatsächlich Junggeselle, und mein Diener ist ein Schwarzer.«

Larbaud hatte den Eindruck, daß Littbarski mit der Doppelbedeutung des Wortes »Loggia« spielte – in Wien bezeichnete man damit auch die Pavillons mit Glasdach, in denen man die unnützen Gerätschaften des Hauses aufbewahrte –, und er wollte ihm sicherlich damit anzeigen, daß er das Angebot eines Kontaktschlüssels zur tragbaren Literatur vollkommen verstanden hatte, das heißt zu einer Literatur, die nicht existierte, denn niemand von den Shandys wußte, worin sie bestand, obgleich paradoxerweise gerade dies die Existenz dieser Art von Literatur ermöglichte, nach deren Rhythmus die

Mitglieder einer Geheimgesellschaft tanzten, die für das Nichts und aus dem Nichts heraus konspirierte.

Nach dem, was ich von den Vorbereitungen zum Wiener Fest weiß – und gewiß weiß ich nicht viel, denn ich fand dazu nur Angaben in dem, was Myriam Cendrars in *Inédits secrets* berichtet –, war eine dieser typisch Wiener Loggien der Schauplatz des ersten Treffens zwischen Littbarski und Larbaud. Bei diesem Treffen entschloß sich der Wiener Schriftsteller, sein jahrelanges Schweigen über die Existenz eines seltsamen Romans zu brechen, den er gerade schrieb und der den Titel *Die Schüsse eines Junggesellen* (heute eine bibliographische Rarität) trug. Es war ein Text, an dem er seit frühesten Zeiten arbeitete, genauer gesagt, seitdem er den Verstand gebrauchen konnte. Was den Roman wirklich seltsam machte, war nicht die Zeit, die er auf ihn verwandte, sondern die Tatsache, daß er selbst meinte, er habe in dieser ganzen Zeit nur eine einzige vernünftige Seite geschrieben, nämlich einen elenden, von Wein durchtränkten Zettel, den er Larbaud zeigte. Dieser wappnete sich mit Geduld und las:

»Der kleine Hermann schaute gelangweilt durch das Fenster der Portierswohnung, die seinen Eltern gehörte, als ein Kind, das er niemals zuvor gesehen hatte, sich vor ihm aufpflanzte und mit einer Geste, die unverschämt und provozierend erschien, fröhlich den gesamten Inhalt einer französischen Champagnerflasche über den Bürgersteig goß. Hermann verzieh ihm das nie.«

Und als Larbaud sich aus reiner Höflichkeit für die Handlung seines Romans interessierte, erhielt er folgende Antwort von Littbarski: »Es ist die Geschichte von Hermann, einem Menschen, der sein Leben vergeudet, indem er sich willkürlich dem Haß auf eine Person verschreibt, deren einziges Verbrechen, wenn man es als ein solches bezeichnen kann, darin bestand, als Kind eine Champagnerflasche ausgeleert zu haben. Hermann widmet sich mit Leib und Seele der Aufgabe, seinem Feind das Leben sauer zu machen, und bleibt sogar Junggeselle, um auch nicht eine einzige Minute seiner Zeit mit anderem Schwachsinn zu verlieren, der nicht zur unnachgiebigen Verfolgung des Verschwenders französischen Champagners gehört. Ab und zu läßt Hermann gezielte Schüsse auf das Leben des anderen los, d. h. er greift erfolgreich in die Welt seines Feindes ein (er nimmt ihm die Frau weg, denunziert seine Geschäfte, zerstükkelt seine Mutter, tötet seinen Hund, zündet ihm das Haus an etc.): kurze, aber gezielte Feuerstöße, die der Junggeselle von Orten aus abfeuert, wo ihn der arme Gehaßte nicht sehen kann. Ein armer, gehaßter Mensch durchquert den Roman seines Lebens zwischen Verblüffung und Entsetzen angesichts der Tatsache, daß nicht einmal die Last der Jahre den Haß gegen seine Person mindert, der von jemandem ausgeht, den er nicht kennt und von dem er nur weiß, daß er sich außerhalb seiner Blicke und Reichweite bewegt und sich mit besonderer Hartnäckigkeit und bemerkenswertem Erfolg der Aufgabe widmet, ihm das Leben sauer zu machen.«

Als er verstummte, fragte ihn Larbaud, welche Geste ihm Karl Kraus in seiner Kindheit gemacht habe, daß er ihn in dieser Form hasse. Littbarski überraschte die Frage keineswegs, und er antwortete so: »Er hat Champagner über den Gebrauch meines Verstandes ausgegossen. Erscheint Ihnen das zuwenig?« Larbaud zog es vor, das soeben Gehörte als Metapher aufzufassen, und fing an, über das zu sprechen, was ihn wirklich interessierte; er schlug ihm die Organisation eines Festes vor, das die entscheidendsten Mitglieder der Geheimgesellschaft in Wien versammeln sollte. »Sie werden von überall her kommen« – sagte Larbaud –, »und das einzig wirklich Notwendige ist, daß sie nicht von Wiener Bürgern entdeckt werden.« Nach diesen Worten bat er ihn darum, die Köfferchen, von denen jeder von ihnen eines bei sich hatte, auszutauschen. Littbarski kam diesem rätselhaften Ansinnen nach, das nicht einmal Miriam Cendrars vollständig erklären kann: »Immer wenn mir Larbaud von den Vorbereitungen für das Fest erzählte, verstummte er an diesem Punkt. Von dem Koffertausch zu sprechen hieß für Larbaud, in einen unruhigen und nervösen Zustand zu verfallen. Niemals wollte er mir das Warum dieses Tausches mitteilen. Sollte sich eines Tages jemand entschließen, diese ganze, völlig unbekannte Geschichte der Existenz der tragbaren Geheimgesellschaft von Grund auf zu erforschen und ein Buch darüber schreiben, werde ich das Mysterium des Koffertausches vielleicht begreifen. Ich vertraue darauf, daß es so sein wird und ich es erleben werde. Unterdessen beschränke ich mich aufgrund mangelnder Informationen auf die Annahme, daß Larbauds Schweigen daher rührte, daß sich etwas äußerst Wichtiges in den Köfferchen befand.«

Es tut mir leid für Miriam Cendrars, aber es war mir unmöglich, die Wahrheit über den Koffertausch von Wien herauszufinden. Auf jeden Fall möchte ich Frau Cendrars daran erinnern, daß sich die Shandys niemals wichtig nahmen, ebenso wie sie niemals etwas Wichtiges in ihrem leichten Gepäck trugen, einzig und allein miniaturisierte Werke, die ausnahmslos ihre absolute Verachtung für alles, was allgemein für wichtig, bedeutsam und grundsätzlich gehalten wird, widerspiegeln. Und niemand soll in meinen Worten ein Ablenkungsmanöver sehen, das das Scheitern meiner Nachforschungen verdeckt. Ich denke einfach, daß die Angelegenheit mit den Köfferchen weder ein Rätsel noch eine wichtige Frage darstellt und daß eigentlich nicht einmal die Geschichte der tragbaren Verschwörung wichtig ist.

Ich kehre zur Erzählung zurück. Nach dem Koffertausch zeigte sich Littbarski begeistert von der Aussicht auf ein Fest und erklärte, daß sein Haus eine sehr günstige Voraussetzung biete, wenn man es gegebenenfalls in zwei Minuten evakuieren müsse: eine Hintertür, seit Jahrhunderten von Efeu überwuchert und den Nachbarn vollkommen unbekannt. Besser könnte es gar nicht sein, dachte Larbaud wahrscheinlich. Und auf der Stelle vereinbarten sie den Termin, an dem sie das Fest feiern wollten. Es fand am 27. März 1925 statt, und es war »eine Explosion von Sternenworten und von Kirschen vagabundierender Grüße«, so die Worte eines Teilnehmers, Vicente Huidobro, der in seinem Tagebuch folgende Liste aufführte:

»Vollmondnacht in Wien, wenn alles so ist wie in jedem Auge. Astrologische und ephemere Dynastie, die von Universum zu Universum fällt. Der Regimentsstab der infamen tragbaren Bande war da. Explosion der Verkleidungen, Kunstwerke und Wiener Gondeln. Eine wahre Explosion von Sternenworten und von Kirschen vagabundierender Grüße. Alkoholarten, all die jenseitigen Juwelen. Die Planeten reiften in der Planetenplanie, und unsere Augen sahen die Wurzel der Vögel, das

Jenseits der Seerosen und das Vordiesseits der Schmetterlinge. Durch das Meer der nächtlichen Sternenfalle steuerte das Schiff unserer Geheimnisse. Und Paris war dieser Fächer: Duchamp, Scott Fitzgerald, Dali, Man Ray, Larbaud und Céline. Ah! und George Antheil. Peru war reine Fechtkunst: César Vallejo. Es bedient sie: der Schwarze Virgilio. Frühere Schneefälle erklommen die Loggia von New York: bewundernswerte Georgia O'Keeffe, Pola Negri, Skip Canell und Stephan Zenith. Spanien oder Juan Gris, und Rita Malú frisch verheiratet in Havanna. Der Fürst Mdivani im Nebel, und zwischen böhmischen Gläsern Gustav Meyrink. Die Schleier von Savinio in der Ewigen Stadt, und Tristan Tzara mit Bärenhonig in Zürich vergiftet. Berta Bocado oder die Nadel ihrer Seidenstoffe. Und Walter Benjamin und der innere Schwindelanfall von Gombrowicz und der Regenbogen der Pianistenärsche der verärgerten Nachbarn. Huidobro war nicht da.«

Wer wirklich nicht dabei war, war Francis Picabia, der paradoxerweise am meisten über das Wiener Fest geschrieben hat. Obgleich er uns die Namen der Anwesenden nicht mitteilt, sagt er, daß es genau 27 gewesen seien, und er teilt uns weiterhin mit, daß 27 die Shandy-Zahl par excellence war: »Stephan Zenith wurde an diesem 27. März in Wien 27 Jahre alt. Und Rita Malú war genau 27 Jahre in einem fernen somalischen Irrenhaus interniert. Die Intervention der spanischen Dichter der Generation von 1927 zerstörte die Sternenreise der Tragbaren. Am 27. Dezember heiratete ich. Ein Bild von Paul Klee, das der Zahl 27 gewidmet ist, synthetisiert auf wunderbare Weise Licht und Schatten der Geheimgesellschaft; es kann im Hause der Comtesse de Vansept besichtigt werden, die das Haus Nummer 27 einer Pariser Straße bewohnt und 27 Enkel hat, etc. ...«

In Picabias Bericht über das Fest verdient seine Beschreibung der letzten Minuten der Abendgesellschaft besonderes Interesse, denn dort finden wir beispielsweise einen Scott Fitzgerald, der weit entfernt ist von dem alkoholisierten Bild, das wir bis jetzt von ihm hatten: »Wir haben uns ausgezeichnet über unsere künstlerischen Geschmacksrichtungen unterhalten und waren uns alle darin einig, daß wir in der Literatur für Kürze waren und daß selbst die poetischen Bücher kurz sein sollten. Plötzlich sahen wir, daß Scott Fitzgerald glänzende Augen bekam und daß sich offenbar eine Art seltsamer Begeisterung seiner bemächtigt hatte. Er schien sich in einem fiebrigen Zustand zu befinden und hatte gewisse Schwierigkeiten, von Literatur zu sprechen. Das Monokel, das er Tzara weggenommen hatte, fiel ihm ständig herunter, und die Geste, die er machte, um es wieder aufzusetzen, wurde immer angestrengter. Beunruhigt beschlossen wir, ihn aufmerksamer zu beobachten, und da sahen wir, daß er neben sich eine goldene Schachtel stehen hatte, über die er sich oft unter dem Vorwand einer Erkältung beugte. Wir begriffen, daß er die Literatur mit dem Wintersport vertauscht hatte, d. h. seine Nase schlitterte durch den weißen Schnee feinsten Kokains.«

Währenddessen, und während die Nachbarn (die schon überzeugt waren, daß so viel Ärgernis diesmal unmöglich von einer einzigen Person stammen konnte) die Polizei benachrichtigten, teilte Valéry Larbaud Littbarski seinen Wunsch mit, eine kommentierte Ausgabe seines pathetischen, in Wein getränkten Zettels anzufertigen, was von allen Umstehenden begeistert gefeiert wurde, besonders von dem Schwarzen Virgilio. In einer Euphorie sondergleichen, die bestätigte, daß alle Kellner sich betrinken, nahm Virgilio die alte Flinte seines Herrn, deren Lauf gestutzt war, und gab in der Art von Triumphsalven vier Schüsse gegen die Decke ab. Das schlug alle Tragbaren sofort in die Flucht, ausgenommen Scott Fitzgerald, der Littbarski weiterhin Gesellschaft leistete, dem er sich wegen des Benehmens seines Schwarzen sichtlich zugeneigt fühlte.

Scott Fitzgerald nahm bedächtig auf einem Sofa Platz, und als die Nachbarn und die Polizei in das Haus eindrangen, zündete er sich eine Virginia an, tat zwischen den zerbrochenen Gläsern so, als spiele er eine Partie Schach mit dem Gastgeber, und sagte ihnen in einem ausgesprochen exaltierten Ton:

»Ich war wirklich eingeladen.«

Und diesen Satz arbeitete er unverzüglich in den Roman ein, den er in jenen Tagen schrieb.

Labyrinth der Odradeks

So intensiv ist diese Erinnerung, daß ich sie mir immer im Präsens vergegenwärtige: Während ich in der Abenddämmerung des letzten Sommertages des Jahres 1966 auf der Terrasse eines Cafés in Port Bou sitze, erzählt mir Marcel Duchamp von dem Fest in Wien, den Schüssen des Schwarzen Virgilio und der Gesellschaft der Shandys, deren Existenz mir bis zu diesem Zeitpunkt vollkommen unbekannt war. Die Terrasse des Cafés liegt ganz in der Nähe der Pension, in der sich Walter Benjamin vor 27 Jahren gezwungen sah, aus dem Leben zu scheiden.

Bei einem Glas Pastis erzählt mir Marcel Duchamp mit Rührung von dem unfreiwilligen Selbstmord und erklärt mir, daß die Geschichte der Tragbaren eine ganz andere Wendung genommen hätte ohne die entscheidenden und weitsichtigen Eingriffe Walter Benjamins im nebligen Morgengrauen, in dem sich die Shandys auf der Flucht von Littbarskis Haus zu zerstreuen begannen. Sie waren vollkommen orientierungslos in einem schemenhaften Wien, in dem plötzlich der Schatten einer einstürzenden Mauer die Gestalt eines laufenden Menschen annahm und sich in den Figuren, die das Eis malte, starre Gesichtszüge ausbildeten.

Als Walter Benjamin in diesen Augenblicken der Panik und Auflösung sah, wie die Shandys in verschiedene Richtungen flüchteten, und begriff, daß dies eine neuerliche Formierung der Gruppe enorm erschweren könnte, gelang es ihm, eine Losung auszugeben, die alle nach Prag zusammenrief. Er empfahl ihnen, sich in Pensionen des Stadtviertels von Gustav Meyrink einzuquartieren und zu versuchen, über zufällige Begegnungen auf der Straße erneut untereinander in Kontakt zu treten.

Kein Shandy vergaß jene Losung, die er auf seiner erschreckten Flucht im Flug erhaschte, und so ging die Shandy-Reise weiter. Diese Reise war auf alle Fälle eine fruchtlose Bewegung, denn man verfolgte kein bestimmtes Ziel und keinen bestimmten Zweck. Die Shandys waren wie mittelalterliche Pilger, für die das Reisen selbst die Hauptsache war und die wenig interessierte, ob sie in Canterbury, Jerusalem oder Santiago de Compostela ankamen. Sie wollten nur reisen und sich Geschichten erzählen.

Der herannahende Nordwind läßt uns ins Innere des Cafés treten, wo ich eine Flasche Sekt öffne, deren Korken, nachdem er heftig gegen die Decke geschlagen ist, auf einem Möbelstück aufhüpft und vollkommen ausbalanciert am Ende einer Gardinenstange liegenbleibt. Alle Kunden sind verblüfft von diesem Ereignis, und der Wirt verbietet, den Korken zu berühren, denn er wolle ihn aller Welt zeigen. Duchamp sagt mir lächelnd, dieser Korken sei mein Odradek. Zum allerersten Mal höre ich dieses Wort und frage ihn, was es bedeutet. Da weiht mich Duchamp in einem sehr vertraulichen Ton in einen der rätselhaftesten Aspekte des Shandytums ein. Es existierten nämlich schwarze Mieter, die in den inneren Labyrinthen aller Tragbaren hausten.

Es scheint im unendlichen Labyrinth Prags gewesen zu sein, wo sich die schwarzen Mieter, auch Odradeks genannt, zuerst sehen ließen. Als Folge des engen Zusammenlebens mit dem Doppelgänger barg jeder Shandy in seinem Innern einen dieser schwarzen Mieter, die bis dahin in vielen Fällen unauffällige Begleiter der Tragbaren waren. In Prag aber begannen sie, Forderungen zu stellen, und nahmen verschiedene Formen an, unter anderem auch menschliche.

Allein oder paarweise gelangten die Tragbaren nach Prag. Und als sie in den Pensionen des Judenviertels einquartiert waren, begannen sie die immer lebhaftere Präsens der schwarzen Mieter zu spüren und gewannen die beklemmende Überzeugung, daß ihnen vorsätzlich und gegen ihren Willen das echteste und eigenste Innere herausgerissen wurde, nur damit das Phantasma eine plastische Gestalt annehmen könnte.

Skip Canell spricht in seinen Memoiren von seinem schwarzen Mieter auf eine Weise, daß er als nichts anderes als ein Schwertschlucker erscheint: »Kurz nachdem ich in Prag angekommen war, hörte ich, während ich an meinem improvisierten Arbeitstisch in einer zentral gelegenen Pension saß, wie sich die Tür des Zimmers öffnete. Ich drehte mich um, während ich dachte, irgendein Bekannter habe mich gefunden, und dann sah ich meine eigene Person ins Zimmer treten, sah sie näherkommen und sich an den Tisch setzen, an dem ich saß, den Kopf in die Hand aufstützen und diktieren, was ich schrieb. Stunden brachten wir so zu, bis ich es wagte, die Person zu fragen, wer sie sei. Sie sagte, sie sei Schwertschlucker und ein großer Liebhaber von Dolchen. Wir gingen in den Speisesaal der Pension zum Essen, und dort geschah etwas wirklich Erstaunliches: Der arme Schwertschlucker verschlang zerstreut eine Gabel, und ich mußte ihn in eine Klinik bringen, wo ein Arzt sie ihm in einer spektakulären Operation wieder entfernte. Danach habe ich ihn nicht wiedergesehen, aber ich habe den

Eindruck, daß er um mich herumflattert und jeden Augenblick wieder erscheinen kann.«

In einer anderen Pension des Prager Judenviertels notierte der spanische Maler Juan Gris folgendes in ein Notenheft: »Tief verstört finde ich mich in dieser Stadt Prag, während ich darauf warte, mich mit einigen meiner Freunde zu treffen. In den alten Häusern dieses Viertels bemerke ich geisterhafte Bewegungen und habe mit nicht geringem Erstaunen in Erfahrung gebracht, welche die eigentlichen verborgenen Herren der Gasse sind, in der ich wohne. Es sind merkwürdige Personen, die hier wohnen und Schatten ähneln: Wesen (nicht von einer Mutter geboren), deren Denken und Handlungsweise aus Fragmenten ohne jede Auswahl zusammengesetzt sind. Wenn sie durch meinen Geist gehen, fühle ich mich mehr als zuvor versucht zu glauben, daß die Träume ihre eigene Behausung haben; ich denke, sie wohnen und verstecken sich in dunklen Wahrheiten, die, wenn ich wach bin, latent in meiner Seele bleiben wie sehr lebendige Eindrücke farbiger Erzählungen.«

Auch Stephan Zenith entdeckte bei seiner Ankunft in Prag, daß er einen schwarzen Mieter beherbergte, der nicht eigentlich Menschengestalt hatte. Bestürzt beschloß er, die Stadt zu verlassen, aber zuvor hinterließ er diese interessante Notiz für Gombrowicz, mit dem er sein Zimmer geteilt hatte:

»Ich gehe fort, denn ich habe Angst vor mir selbst, und sicherlich trägt Prag gewaltig dazu bei. Teile den anderen meinen Abschied mit, wenn Du sie findest, und sage ihnen, daß höhere Mächte mich zur Rückkehr nach New York zwingen. Es würde mich freuen, wenn sie erführen, daß ich mich auf dem Fest gut amüsiert habe, bis dieser

Schwarze verrückt spielte. Wie ich Dir sagte, gehe ich fort, weil ich Angst vor mir selbst habe, da ich schon glaube, in meinem Inneren – und manchmal auch außerhalb – so etwas wie eine schwarze Zwirnspule zu beherbergen, die mich dazu bringen will, Dinge zu sagen, die ich nicht denke und niemals denken werde. Es ist eine flache Zwirnspule in Form eines Sterns; und sie scheint tatsächlich mit Zwirn umwickelt zu sein; allerdings sind es nur abgerissene, alte, aneinandergeknotete oder auch ineinanderverfilzte Zwirnsfäden verschiedener Art und Farbe.

Es ist aber nicht nur eine Spule, sondern aus der Mitte des Sterns kommt ein kleines Querstäbchen hervor, und an dieses fügt sich dann im rechten Winkel noch eines. Mit Hilfe dieses letzteren Stäbchens auf der einen Seite und einer der Ausstrahlungen des Sternes auf der anderen Seite kann das Ganze wie auf zwei Beinen aufrecht stehen. Manchmal, wenn man aus der Tür der Pension tritt und er lehnt gerade unten am Treppengeländer, hat man Lust, ihn anzusprechen. Natürlich stellt man ihm keine schwierigen Fragen, sondern behandelt ihn (schon seine Winzigkeit verführt dazu) wic ein Kind.

›Wie heißt du denn?‹

›Odradek‹, sagt er.

›Und wo wohnst du?‹

›Wohnsitz unbekannt‹, sagt er und lacht; es ist aber nur ein Lachen, wie man es ohne Lungen hervorbringen kann. Es klingt etwa so wie das Rascheln heruntergefallener Blätter ... Ich habe Angst, Witold, und deswegen gehe ich fort. Weit weg von Prag verliere ich meinen Odradek vielleicht aus den Augen.«

Als Folge dieses Textes wurden die schwarzen Mieter im Shandy-Jargon unverzüglich Odradeks genannt.

Schon in Prag selbst findet der Text von Zenith bei Antheil und Kromberg Resonanz, die direkt von Odradeks sprechen, wenn sie sich auf ihre jeweiligen schwarzen Mieter beziehen. Im Fall von George Antheil ist der Odradek keine Zwirnspule, sondern eine Anstecknadel, die an einen Gürtel geheftet ist, während er im Fall von Hermann Kromberg kein winziges Objekt ist, sondern wiederum zu einer geisterhaften Gestalt wird.

»Ich habe hier in Prag begriffen, und das, je mehr ich meine Freunde wiedersehe« – schrieb Antheil –, »daß ich nur die minimalen Empfindungen und diejenigen von winzigen Dingen intensiv erlebe. Das macht wohl meine Liebe zum Unnützen. Es kann aber auch an meiner eigenen Genauigkeit im Detail liegen. Aber noch eher glaube ich – ich weiß es nicht, solche Dinge analysiere ich niemals –, daß es daran liegt, daß das Winzige, da es absolut keine soziale oder praktische Bedeutung besitzt, gerade durch diesen Mangel vollkommen unabhängig von schmutzigen Verknüpfungen mit der Wirklichkeit ist. Das Winzige – und mein Odradek ist es – schmeckt mir immer nach Irrealem. Das Unnütze ist schön, weil es weniger real ist als das Nützliche, das sich fortsetzt und verlängert. Das wunderbare Unnütze dagegen, das glorreiche und unendlich Kleine, bleibt, wo es ist, und wird nicht etwas anderes, als es schon ist, und lebt frei und unabhängig – wie die reine Existenz meines Odradeks, der die Anstecknadel hier ist, die ich mir an den Gürtel geheftet habe. Das Mysterium wird nie so transparent wie in der Betrachtung der kleinen Dinge, die, wenn sie sich bewegen, vollkommen davon durchleuchtet sind, denn sie halten inne, um sich davon durchdringen zu lassen.

Dagegen war der Odradek des deutschen Schriftstellers Hermann Kromberg eigentlich keine Miniatur, sondern, wie ich schon sagte, eine geisterhafte Gestalt, jemand, der vorgab, Dichter zu sein, und sich unter die Tragbaren mischte, mit ihnen zuerst nach Wien und dann nach Prag reiste, wo er sich in demselben Hotel niederließ wie Kromberg. Es handelt sich um den furchtbaren Aleister Crowley, den viele als Freund Pessoas kennen werden, der aber außerdem Bergsteiger, Satanist, Philosoph, Löwenbändiger, Pornograph, Radfahrer, Heroinsüchtiger, Schachspieler, Spion und Okkultist war, das heißt ein sehr aktiver Odradek, was auch die Tatsache beweist, daß er den seßhaften Kromberg zwang, von Wien nach Prag umzuziehen. In dieser letzteren Stadt entführte er ihn, zwang ihn mit bösen Künsten, sich der sexuellen Magie hinzugeben und den höchsten Gipfel von Kaschmir zu erklimmen.

»Was mache ich hier in Kaschmir?« – schrieb Kromberg verzweifelt in sein Reisetagebuch –, »wo mir doch nichts mehr gefällt als ein gemütliches Ofenfeuer und die Briefe meiner nomadischen Freunde aus entfernten Ländern? Ich wollte mich niemals mit ihnen in Wien treffen, aber der vermaledeite Einfluß meines Odradeks führte mich nicht nur in diese Stadt, sondern trieb mich später bis nach Prag, von wo ich nach Kaschmir aufbrach, wo ich jetzt lebe, tot vor Kälte und Angst, besessen von einem inneren Dämon, der – soweit ich es beurteilen kann – Reisender ist.«

In Kaschmir wurde der seßhafte Kromberg verrückt, seine Spur verlor sich für immer, nicht aber sein Reisetagebuch. Wenn wir uns an das halten, was einige Zeugen berichten, so glaubte Kromberg, als er dem höchsten

Gipfel dieser Gegend schon sehr nahe war, auf den Hut gestoßen zu sein, den Jahre zuvor Pessoa im Schnee liegengelassen hatte. Aber Pessoa hat niemals seinen Hut bis in jene eisigen und entfernten Gefilde getragen, und das ließ mehr als einen Menschen argwöhnen, daß Kromberg den Verstand verloren haben mußte, was sich bestätigte, als er beim weiteren Aufstieg sagte, daß er sich durch das Geflatter und Gekrächze der Raben eingeschüchtert fühle. Es gab dort gar keine Raben.

Als Kromberg schließlich am Gipfel angekommen war, schrie er beim Anblick seines Odradeks, der ihm zuvorgekommen war, entsetzt auf. Vollkommen in Schwarz gekleidet und lachend, begrüßte ihn Aleister Crowley – derselbe, der zwei Jahre später die Geheimgesellschaft in Sevilla auflösen sollte – , während er eine schwarze Fahne schwang, auf der über dem furchterregendsten Totenschädel die Losung *Für eine Prosa aus Seide* eingestickt war.

Vergeblich versuchte man, den erschreckten Kromberg zu beruhigen, ihn zu überzeugen, daß es auf dem Gipfel niemanden gab. In jener Nacht notierte er alles, was er glaubte, gesehen zu haben – den portugiesischen Hut, Raben, Odradek mit Fahne –, danach legte er sein Tagebuch in den Schnee und verschwand in der Dunkelheit des indischen Gipfels, wodurch sich seine Spur für immer verlor.

Der Odradek von Salvador Dalí hatte eine ausgesprochen festliche und musikalische Ausstrahlung und war außerdem rundweg erotisch. Es handelte sich um nichts Geringeres als eine chinesische Masturbationsgeige oder ein melodisches Instrument mit einem vibrierenden Fortsatz, der dazu bestimmt war, plötzlich und heftig in den

Anus eingeführt zu werden; aber auch – und das vorzugsweise – in die Vagina. Ist er eingeführt, läßt ein erfahrener Musiker den Bogen über die Saiten der Geige gleiten, wobei er nicht das Erstbeste spielt, was ihm in den Sinn kommt, sondern eine ausdrücklich zum Zwecke der Masturbation komponierte Partitur; der Musiker erreicht durch eine weise Dosierung der Erregungsschübe, in die er Ruhemomente einschaltet, daß die Vibrationen, die sich durch den Fortsatz vergrößern, den Orgasmus der Nutznießerin exakt in dem synchronisierten Moment auslösen, in dem die Partitur zu den Noten der Ekstase anhebt.

Der Odradek von Ramón Gómez de la Serna war dagegen eher unerotisch und trat im Spiegel eines Prager Hotels auf, wobei er dem Schriftsteller einen gehörigen Schrecken einjagte: »Während ich mich im Spiegel betrachte, der mich plötzlich reflektiert, entdecke ich, daß ich meinem Vater ähnlich sehe. Bin ich vielleicht mein Vater? So war mein ganzes Leben nichts anderes als eine Phantasie unter anderem Namen? Werden wir nichts weiter als Vorfahren sein und niemals wir selbst?«

Jenen Tag, an dem er das niederschrieb, verbrachte er in einem Zustand permanenter Aufregung, denn es gibt nichts Schrecklicheres für einen Shandy als den unverschämten Einbruch eines Odradek, vor allem wenn dieser erscheint, nur um auf die Nerven zu gehen; natürlich gibt es auch liebenswürdige und schüchterne Odradeks, aber die sind gewöhnlich langweilig; im allgemeinen sind Odradeks schwermütige, lästige und pathetische Wesen oder Objekte, die sich darin gefallen, ihre Gäste oder Opfer zu erschrecken.

Gómez de la Serna erschrak an jenem Tag wie nie

zuvor, aber er wußte sich mit Mut und Humor zu wappnen und brachte schließlich das Phantasma des Vaters auf schnellem Weg zum Nachgeben: Er zerbrach alle Spiegel seines Zimmers in Prag.

Aber was machen die Tragbaren in Prag, wenn sie keinen Kongreß, kein Manifest, keinen terroristischen Akt planen und auch nicht daran denken, ein weiteres Fest zu organisieren? Etwa überhaupt nichts? Ich sagte schon, daß sie meiner Meinung nach aus reiner Lust am Reisen reisten und um sich gegenseitig Geschichten zu erzählen, aber Tatsache ist, daß ihre Reise außerdem, wie jedes Gedicht und wie jeder Roman, immer Gefahr lief, sinnlos zu sein, aber sie wären nichts gewesen ohne dieses Risiko, und vielleicht fanden sie gerade dies am verführerischsten am Reisen.

Wenn von Risiken die Rede ist, muß ich bemerken, daß sie sich in Prag offenbar vermehrten, denn unter den Shandys bestätigte sich sehr bald der untrügliche Verdacht, daß zu bestimmten Stunden nachts oder morgens mysteriöse Stimmen, die nicht diejenigen ihrer Odradeks waren, für gewöhnlich einen mysteriösen Rat murmelten; manchmal huschte ein schwaches Zittern, unmöglich zu erklären, durch die Gemäuer des Judenviertels, und dabei entwichen Geräusche, die über Dächer liefen und durch Wasserrohre drangen. Und wenn jemand sich die Mühe machte nachzusehen, konnte er in jenem Labyrinth von Odradeks verwelkte Myrtenzweige entdecken, Brautsträuße, die im schmutzigen Wasser dahintrieben, in dem sich manchmal das schweigende und kaum wahrnehmbare Gebärdenspiel der Golems der gefährlichen Odradeks verbarg.

»Gefährlich, jawohl«, sagt mir Marcel Duchamp auf

der Terrasse des Cafés in Port Bou. »So geben Sie gut acht auf diesen Sektkorken, der in seinem unwahrscheinlichen Gleichgewicht auf der Gardinenstange so ausbalanciert erscheint, denn auch dieser Korken besitzt seinen Golem.«

Ich vergegenwärtige mir diese Erinnerung immer im Präsens. Plötzlich will ich ihn fragen, was er denn genau unter gefährlich verstehe, als ich entdecke, daß er verschwunden ist. Ich suche ihn überall, sogar in der letzten Behausung Walter Benjamins. Nichts, er hat sich verflüchtigt. Ist Duchamp vielleicht mein Odradek? Ich dachte daran, weiter von Odradeks zu sprechen, aber ich sehe jetzt, daß es das klügste ist, dieses Kapitel für beendet zu betrachten. Ja, vielleicht kommt mir das am gelegensten. Überhaupt soll meine Geschichte kurz sein oder gar keine.

Neue Prager Eindrücke

Dunkel die Schwärze/von Marmor im Schnee
Wladimir Holan

Sogar ich selbst habe in dem einen oder anderen Kapitel dieses Buches die Technik benutzt, derer sich Blaise Cendrars beim Schreiben seiner berühmten *Anthologie nègre* bediente. Es handelt sich um eine Vorgehensweise, die Myriam Cendrars, seine Schwester, in ihrem Buch *Inédits secrets*, dieser delikaten Hommage an den Klatsch, enthüllt.

Myriam Cendrars berichtet, daß der Schaffensprozeß der *Anthologie nègre* in Prag im Verlauf eines milden Frühlingsnachmittags begann, an dem sich Gustav Meyrink, der etwas beunruhigt war, weil er seit seiner Abreise aus Wien noch keinen Tragbaren im Viertel angetroffen hatte, aus dem Fenster lehnte, um einmal mehr die Straße zu betrachten, in der er geboren war, jene verschlungene und traurige Gasse, die in einen jüdischen Friedhof mündete, der heute praktisch verschwunden ist.

Die Ellbogen auf den Fenstersims gestützt, dachte er darüber nach, was seinem Leben ähnlich wäre. Nichts, weil jenes kein Leben war. Aber wenn es eines wäre, würde es den Winterzeiten seiner Kindheit ähneln, in denen alles Künstliche triumphierte: Lichterglanz, geschlossene Zimmer, Erbitterung... Schnell beobachtete er wieder die Straße und die halb im Keller liegenden Läden, in denen den ganzen Tag über Licht brannte und die im Schatten der von Balkonen überladenen Fassaden und schmutzigen, stuckverzierten Häuserfronten lagen, die durch Voluten und heraldische Embleme hervorgehoben wurden. Und dann sah er sich selbst zu einer Kamera mit offener Blende werden, zu einer passiven, minutiösen Kamera. Er war unfähig, an etwas anderes zu denken als an seine Freunde, die Tragbaren, die er nie mehr wiederzusehen für einen Augenblick fürchtete.

Dieses Verhalten, das so sehr an das von Berta Bocado auf ihrem Balkon gegenüber dem Cabaret Voltaire erinnert, brachte ihm Glück, vielleicht weil es im Grunde ein unverwechselbar shandyhaftes Verhalten war. Plötzlich erhaschte er die Erscheinung eines Menschen, der sich im gegenüberliegenden Fenster rasierte, und bemerkte unverzüglich, daß es sich um Blaise Cendrars handelte, der in der Pension der Frau Pernrath einquartiert war. Als eine Art Begrüßung versuchte Meyrink voller Jubel die ersten Schritte eines afrikanischen Tanzes, bis Cendrars auf ihn aufmerksam wurde, seine Rasiercreme schwarz färbte und sich damit das Gesicht einseifte. Meyrink schwenkte daraufhin einen Elfenbeinfetisch, und Cendrars, der noch euphorischer als sein Nachbar war, improvisierte Trommeln, und so verwandelte sich die verschlungene Straße des Prager Judenviertels für einen Moment in das wilde Echo einer kongolesischen Vorstadt.

Kurz darauf nahmen sie mit der Mulattin Rita Malú Kontakt auf, der kubanischen Schauspielerin, die sich in der Pension an der Ecke niedergelassen hatte und die sich in jenem Augenblick zum Fenster hinauslehnte, um einen merkwürdigen Passanten mit auffallender Neigung zu Schwarz (Hut, Anzug, Krawatte, Brille und Schuhe, alles schwarz) zu beobachten, der sie beim Namen rief. Mitten in diesem Ruf, der in den finsteren Tiefen der Straße widerhallte, konnte die Schauspielerin über den

Reflex eines böhmischen Glases den Austausch schwarzer Zeichen zwischen Cendrars und Meyrink bemerken. Daraufhin pfiff sie eine Habanera, die sofort von den zwei Shandys und wahrscheinlich auch von dem seltsamen Passanten aufgenommen wurde, der sich als der Schwarze Virgilio entpuppte, als er Brille und Hut abgenommen hatte.

Bei diesem wechselseitigen Wiedersehen schwenkten sie alle gleichzeitig ihre schwarzen Hüte, während die Nacht bereits hereinbrach, und so wurde die eben anbrechende Dunkelheit vom fernen Echo des Tam-Tams wilder Stämme zukünftiger Shandys überlagert, die aus der Einsamkeit ihrer Hütten in entfernten afrikanischen Dörfern bald sahen, wie sich ihre alten Legenden in das Tragbare dank der *Anthologie nègre* einfügten, die Blaise Cendrars genau in jenem Augenblick ersann, in dem besagter Triumphtanz der Hüte stattfand.

Nichts weniger als eine apokryphe Anthologie, denn mit diesem Projekt verfolgte Cendrars den Gedanken, ein Buch mit Legenden zusammenzustellen, die angeblich einer Sammlung afrikanischer Volksgeschichten entstammten, die in Wirklichkeit aber eine sehr persönliche Auslegung derjenigen Geschichten waren, die ihm die Shandys in Prag erzählten, als sie sich wiedertrafen.

Wer Cendrars kennt, weiß, daß dieses Vorhaben nicht übermäßig überrascht, da er ja die Angewohnheit hatte, nicht den Geschichten zuzuhören, die man ihm erzählte, sondern statt dessen zwei oder drei Worte aus diesen Geschichten im Flug zu erhaschen, um sich aufs Geratewohl im Sinne offener Fiktionen Erzählungen auszudenken, die sich von denen, die man ihm gerade erzählt hatte, grundlegend unterschieden.

So war die berühmte *Anthologie nègre* geboren, die zwei Jahre später in Paris veröffentlicht wurde und sich als »ein Kompilationswerk« präsentierte, das »auf einer kurzen, aber erschöpfenden Bibliographie (27 Titel) beruht, die es dem Autor gestattet, zum ersten Mal in Europa eine Reihe von Erzählungen wiederzugeben, die Missionare und Forscher uns mündlich überliefert haben«.

Als das Buch erschien (Au Sans Pareil, Paris 1927), fiel die ganze französische Kritik darauf herein und begrüßte das Werk als »erste Gelegenheit für das Normalpublikum, die afrikanische Volksliteratur kennenzulernen«, während das, was das Normalpublikum in Wirklichkeit kennenlernte, diejenige afrikanische Literatur war, die Blaise Cendrars mit Hilfe seiner Fähigkeit fabriziert hatte, Worte aus den Geschichten herauszuklauben, die ihm seine tragbaren Freunde erzählten. Aber der Betrug geschah so unbemerkt, die Täuschung war so perfekt, daß es sogar eine spanische Übersetzung gab, die von keinem Geringeren als Manuel Azaña stammte.

Ein Betrug nach allen Regeln der Kunst. Beispielsweise ist die so abgegriffene Erzählung *Der Tote und der Mond*, eine dem Sandé-Stamm (der in den 40er Jahren haarklein vom leibhaftigen Lacan erforscht wurde) zugeschriebene Legende, nichts anderes als das Ergebnis einer Bildassoziation, die durch die Worte Mond und Tod ausgelöst wurde und die Cendrars flugs aus den Sätzen herausfischte, die ihm Rita Malú an jenem Abend, als sie sich in Prag trafen, sagte.

Rita Malú bemerkte, daß Vollmond war, und wenig später bekannte sie ihm, sie habe sich in den letzten Tagen leicht verrückt gefühlt, da sie trotz hoher Temperaturen eine furchtbare Kälte gespürt habe, als ob sich über Prag eine tödliche Eisdecke gelegt hätte.

Mond und Tod. Cendrars behielt diese beiden Worte, und als Rita Malú verstummt war, teilte er ihr mit, was sie soeben unbewußt erzeugt hatte. Rita Malú, die sich ebenso wie der Schwarze Virgilio und Meyrink in jenem Augenblick in eine Unterhaltung gegen den Roman und für die Kurzgeschichten, Fragmente, Pro- und Epiloge und Fußnoten verstrickt hatte, schwieg, damit Cendrars ihnen die Legende erzähle, die zur ersten Erzählung der *Anthologie nègre* werden sollte.

»Ein Greis sieht einen Toten, auf den der Glanz des Mondes fällt. Er versammelt eine große Schar von Tieren und sagt zu ihnen:

›Wer von euch, ihr Tapferen, will es auf sich nehmen, den Toten oder den Mond ans andere Ufer des Flusses zu bringen?‹

Zwei Schildkröten melden sich: die erste, die lange Füße hat, belädt sich mit dem Mond und gelangt heil und gesund ans gegenüberliegende Ufer; die andere, die kurze Füße hat, belädt sich mit dem Toten und ertrinkt.

Daher erscheint der tote Mond alle Tage wieder, und der Mensch, der stirbt, kehrt nie zurück.«

Diese Erzählung wurde rhythmisch von den Kanonenschüssen untermalt, die das Brechen der Eisdecke auf der Moldau verkündeten. Meyrink hatte die Augen geschlossen, um der Geschichte, die Cendrars erzählte, besser zuzuhören. Aber am Ende der Erzählung fiel es ihm schwer, sie wieder zu öffnen. Menschliche Gesichter huschten in langen Reihen an ihm vorbei, und er sah unbewegliche Totenmasken, seine eigenen Vorfahren: Menschen mit glattem und kurzem Haar, mit Scheitel und Locken, mit langen Perücken und gelockten Toupets: Masken, die über die Jahrhunderte hinweg bis zu ihm gelangten: Gesichtszüge, die ihm immer vertrauter vorkamen und sich schließlich alle im letzten Gesicht vereinigten, nämlich in dem des Golem, mit dem die Kette der Vorfahren abbrach. Die Dunkelheit verwandelte sich in einen endlosen und leeren Raum, in dessen Zentrum sich die Mutter der menschlichen Gattung befand.

Als Meyrink schließlich die Augen öffnen konnte, teilte er den Anwesenden mit, was er gesehen hatte. Cendrars behielt nur die letzten Worte jener Geschichte (»die Mutter der menschlichen Gattung«) im Gedächtnis und machte sie zum Titel und Thema der zweiten Erzählung seiner Anthologie. Eine Geschichte, die er dem Mossi-Stamm zuschrieb:

»Drei Männer erscheinen vor Uendé, um ihre Bedürfnisse darzulegen. Der erste sagt: Ich will ein Pferd. Der zweite sagt: Ich will Hunde, um im Dickicht zu jagen. Der dritte sagt: Ich will eine Frau, um mich zu erquicken.

Uendé gibt ihnen alles: dem ersten sein Pferd, dem zweiten die Hunde und dem dritten die Frau.

Die drei Männer gehen, aber unvermutet kommen Regenschauer auf, die sie drei Tage im Dickicht eingeschlossen halten. Die Frau macht Essen für alle drei. Die Männer sagen: Gehen wir noch einmal zu Uendé. Sie kommen dort an. Dann bitten sie ihn alle um Frauen. Und Uendé erfüllt die Wünsche, das Pferd und die Hunde in Frauen zu verwandeln. Die Männer gehen. Aber die Frau aus dem Pferd ist verfressen; die Frauen aus den Hunden sind schlecht, nur die erste Frau, die Uendé bereits einem von ihnen gegeben hatte, ist gut: Sie ist die Mutter der menschlichen Gattung.«

Diese Legende behielt Cendrars für sich, denn es war nicht möglich, sie in jenem Moment nach außen zu tragen, denn gerade als er sie im Geiste vollendete, klingelte es an der Tür, und Salvador Dalí trat sichtlich erregt ein, begleitet von Nezval und Teige, zwei jungen tschechischen Autoren, die der Geheimgesellschaft beitreten wollten. Nach ihren entschlossenen und strahlenden Blicken zu urteilen, waren diese beiden Dichter sehr lebendige Junggesellenmaschinen. Ihre Augen waren wie hellerleuchtete und verblüffend unbeschwerte Köfferchen.

Und als der Schwarze Virgilio der allgemeinen Empfindung mit der Bemerkung Ausdruck verlieh, daß man den zwei Tschechen nicht in die Augen sehen könne, weil sie so blendeten, beeilte sich Teige zu sagen, daß dies durchaus zutreffe und er eine einfache Erklärung dafür habe: ihre Augen seien eine beständige Hommage an Edison, den Erfinder der Glühbirne. Und im folgenden überließ er das Wort seinem Kameraden Nezval, damit dieser ihnen sehr emphatisch verkünde, daß ab sofort jede sexuelle Anziehung der Frau vom möglichen Gebrauch ihrer geisterhaften Fähigkeiten und Mittel herrühre, das heißt von ihrer möglichen fleischlichen und lichthaften Dissoziation beziehungsweise Dekomposition. Die geisterhafte Frau, so schloß er, sei die zerlegbare Frau.

Teige ergriff daraufhin wieder das Wort und erwies sich als fortgeschrittener Shandy, da er in das tragbare Geheimnis der Golems der Odradeks gut eingeweiht war. Teige sprach von der ungewöhnlich warmen Prager Luft und der Präsenz fremdartiger Wesen in der Stadt, schweigender Kreaturen, die im Schlaf handelten, damit niemand etwas von dem betrügerischen und feindlichen Leben bemerke, das manchmal von ihnen ausgehe, wenn der Nebel der Prager Nächte die Straßen bedeckt und dabei hilft, das schweigende und kaum wahrnehmbare Hin und Her der Gebärden und der Tätigkeiten zu verbergen, die so tiefdunkel sind wie die schwammige Haut eines Zombie. Diese Golems, so schloß er, haben ihre Bucarestis, das heißt Kreaturen aus Rumänien, arme Verwandte des Grafen Dracula und unversöhnliche Verfolger der Golems der Odradeks.

Cendrars, der auf seine Weise – nämlich zerstreut – den beiden tschechischen Dichtern zugehört hatte, schaltete sich in diesem Moment ein, um Nezval ein Glas Shandy mit Eis anzubieten, und teilte ihm gleichzeitig mit, daß er aus der Geschichte von der zerlegbaren Frau eine Zulu-Legende mit dem Titel *Die geisterhafte Schwarze* erhalten habe:

»Ehemals war der Wind eine Person, genauer eine geisterhafte Schwarze. Sie verwandelte sich in ein Wesen mit Federn und begann zu fliegen, weil sie nicht mehr gehen konnte wie zuvor; tatsächlich flog sie und wohnte in den Bergen. Sie flog also. Ehemals war sie eine geisterhafte Schwarze; darum tötete sie ehemals Missionare. Sie verwandelte sich in ein Wesen mit Federn, und dann flog sie, wohnte in einer Grotte in den Bergen. Sie schläft darin, erwacht frühzeitig und verläßt sie; sie fliegt weit; sie fliegt abermals weit. Sie kehrt nach Hause zurück, weil sie spürt, daß sie Nahrung braucht. Abermals ißt sie, und wieder und wieder; sie kehrt nach Hause zurück; abermals kehrt sie dorthin zurück, um zu schlafen.«

Cendrars sagte, daß er von dem, was Teige gesagt

hatte, nicht ein einziges Wort glaube, daß es ihm aber dazu gedient habe, die vierte Erzählung seiner Anthologie, *Die schwammige Haut eines Zombie*, eine Babúa-Legende, zu verfassen. Er verzichtete darauf, sie zu erzählen, als sie ihn einmütig darum baten, die Legende für einen besseren Zeitpunkt aufzuheben, da sie unbedingt auf die Straße gehen und die größtmögliche Anzahl von Angehörigen der Geheimgesellschaft treffen wollten.

Sie begannen eine unerbittliche Razzia in den Kneipen des Judenviertels, aber sie trafen niemanden an. Sie verloren sich in den Außenbezirken und gelangten zu einem alten Friedhof, das heißt zu einer Wildnis von hohen und niedrigen Grabsteinen, die aus der feuchten, von welkem Laub bedeckten Erde mit dem wilden Unkraut um die Wette zu wachsen schienen. Einige Raben hatten sich der nackten Bäume bemächtigt und halfen mit ihrem Krächzen, an diesem Ort die Atmosphäre nostalgischer Trostlosigkeit zu schaffen. Jenseits des Friedhofs sahen sie die Lichter einer heruntergekommenen Kneipe. Das Kabarett Zitzkow. In dieser Spelunke erzählte ihnen jemand von einem Fremden, der sich in eine Tanzmaschine verwandelt hatte und allein im Keller des Lokals tanzte. Nach der Beschreibung des Fremden waren sich alle einig, daß es sich nur um Aleister Crowley handeln könne, und sie fragten den Wirt des Kabaretts, was sie machen müßten, um ihn zu sehen.

Der Wirt öffnete eine schmale Tür unter einem Halbbogen, und sie stiegen eine Treppe hinunter, die von winzigen Kristallen funkelte. Von Absatz zu Absatz geleitete eine Lampe die Schritte der Shandys, und als sie am Ende der Treppe angelangt waren, sahen sie, daß der unterirdische Raum sich ausweitete, und die Luft, heiß und pochend, erinnerte an das Herz Zentralafrikas.

Sie legten zwei- oder dreihundert Meter zurück, ohne zu sprechen. Ab und zu wurde die Wand von niedrigeren Öffnungen, Verzweigungen des Hauptganges, unterbrochen, und jedesmal wechselten die Farben der Kristalle. Als sie sich bereits dem Ort näherten, wo wahrscheinlich Crowley tanzte, bemerkten sie, wie aus den Kristallen eine schwarze Flüssigkeit sickerte, die ihnen gelegentlich ins Gesicht spritzte. Schließlich gelangten sie an den Punkt, von wo aus man den mutmaßlichen Shandy tanzen sehen konnte.

Es war kein anderer als Crowley. Er hatte sich einen schönen Ort ausgesucht, mit Kristallen orangefarbenen Chroms ausgekleidet, ziemlich weit und hoch und voller tropischer Pflanzen und Kolibris. Kein anderer als Crowley versuchte diesen Schlangentanz, bei dem man sich nur mit der unteren Hälfte des Körpers bewegt, von den Hüften abwärts bis zu den Zehenspitzen, ohne Beteiligung des Oberkörpers.

Und es war auch Crowley, der beim Abstieg in die Unterwelt von der Flüssigkeit, die aus den Kristallen sickerte, ganz schwarz geworden war und die Kniescheiben auf mindestens fünfzehn verschiedene Arten bewegte, was selbst für einen echten Schwarzen eine stattliche Leistung ist.

Es erklangen Ausrufe der Bewunderung von seiten der Shandys. Cendrars riß zwei dieser Ausrufe aus ihrem Zusammenhang und bildete, während er dem chaotischen Finale der Episode beiwohnte, das darin bestand, daß alle schwarz eingefärbten Shandys aus dem Kabarett flüchteten, daraus eine neue Legende für seine Anthologie, nämlich ein Märchen des Babatúa-Stammes, in dem die Seele der Negervölker auf folgende Weise definiert wird: »sklavische, impulsive und kindliche, tänzerische und süße Seele, die auf Zerstörung begierig ist und zugleich eine Intelligenz besitzt, die eine erleuchtende, in glücklichen Erzählungen verdichtete Erfahrung zur Schau stellt«.

Glückliche Erzählungen, die gleichsam die Zwillingsseele derjenigen Legenden sind, die Blaise Cendrars in seiner apokryphen *Anthologie nègre* vereinigte, einem impulsiven und kindlichen, erleuchtenden und zerstörungswütigen Buch, zu dem er nur fünf Tage brauchte, genau die Zeit, die die Shandys benötigten, um sich auf den Masten der afrikanischen Hütten in gemeißelte Figuren zu verkleiden und sich geheim und brennend in den dunklen Reichen des Eises, das in Prag zu brechen begann, wieder zusammenzufinden.

Crowleys Postkarte

Etwas scheiterte allerdings immer: es gab einen Verräter in der Konklave.

Borges

»Hier in Prag«, schrieb Crowley an Picabia, der in Paris auf Nachricht wartete, »waren wir nahe daran, uns in Schatten zu verwandeln, und als mehr als einer verrückt wurde und festes Mauerwerk durchschreiten wollte, kam ich auf den Gedanken, daß wir uns alle schließlich in unsichtbare Wesen verwandeln könnten, so daß man uns nur nachts an unseren weißen Seidenschals wiedererkennen würde.

Und das alles wegen Célines Verhalten, der zu der Überzeugung gelangte, daß eine Verschwörung ohne einen Verräter, der sie in Gefahr bringt, nichts wert sei, daraufhin beschloß, diese undankbare Rolle selbst zu übernehmen, und damit begann, systematisch bei allen unseren verschwiegenen Café-Treffen laut zu sprechen.

Damit nicht zufrieden, begann er ein Buch zu schreiben, *Le vrai nom du complot portatif*, das er mit der Erinnerung daran einleitete, daß unter den alten Ägyptern jede Person zwei Namen erhielt, nämlich den kleinen Namen, der allen bekannt war, und den wahren oder großen Namen, den man versteckt hielt; nachdem er daran erinnert hatte, daß auch der Name Roms geheim war, ging er daran, den wahren Namen unserer tragbaren Gesellschaft zu enthüllen. Ja. Diesen Namen, an den Du Dich jetzt mit Schrecken erinnerst.

An einem Nachmittag besuchte ihn Valéry Larbaud mit fünf anderen Kameraden in seinem Hotel und entdeckte jenes Buchmanuskript. Dazu mußten sie in das Feldzelt eintreten, das Céline mitten im Zimmer aufgeschlagen hatte. Wütend erinnerte Larbaud ihn an das Schicksal, das Quintus Valerius ereilt hatte, als dieser in den letzten Tagen der Republik den Frevel beging, den wahren Namen Roms zu enthüllen, und hingerichtet wurde.

Duchamp, Tzara, Vallejo, alle dort Anwesenden machten ihm klar, es könnte ihm ein ähnliches Schicksal wie Quintus Valerius bevorstehen, aber Céline antwortete mit gequältem Gelächter, dem Gelächter eines Menschen, der selbst der trübsten Absicht ihren grausigen Geschmack zu nehmen weiß. Angesichts eines solchen Benehmens verbrannten sie ihm das Feldzelt und zugleich sein Manuskript.

Céline brachte das kaum aus der Ruhe. Anscheinend fühlte er sich in der Rolle des Verräters ganz wohl, denn wenige Tage später tauchte er wieder im Café Slavia auf, wo wir nachmittags zusammentrafen. Er tat es schreiend und in Begleitung zweier Madrider Professoren von der lästigsten und aufdringlichsten Sorte; einer von ihnen brüstete sich, Joyce ins Spanische übersetzt zu haben, was uns nur Argwohn einflößen konnte, denn, wie Du ja weißt, hat sich Joyce schon seit langem bei unserer Gesellschaft abgemeldet, weil er glaubte, er müßte einen Monatsbeitrag zahlen; der andere Professor mit Nachnamen Diego versicherte, kastilischer Seefahrer zu sein, und setzte sich in den Kopf, uns einen Vortrag über die einsamen Buchten Grönlands und über gewisse lauwarme Gewässer, die sich am Nordpol befinden, zu halten. Ein wirkliches Ärgernis, glaube mir.

Wir verbrachten furchtbare Tage, verfolgt von diesen

aufdringlichen Professoren, die uns sogar innerhalb der Grenzen Prags oder an den verstecktesten Plätzen der Stadt zusammen mit dem Verräter provozierten. Wir wußten nicht, wie wir es anstellen sollten, um mit diesen verdammten Professoren fertig zu werden, die auf jeden Fall als Spione auftraten. Dies weckte bei vielen von uns den Wunsch, sich in Phantasmen oder unsichtbare Wesen zu verwandeln. Und das führte letztlich zu der Expedition, mit der wir heimlich zum Internationalen Sanatorium in der Umgebung der Stadt aufbrachen, von wo aus ich Dir jetzt schreibe.

Hier, fern der Verfolgung durch den Verräter und seine Mitläufer, sind wir in ein stürmisches Fieber außerordentlicher Kreativität geraten. All das dank dieses versuchten Verrats. Und auch teilweise dank der Gastfreundschaft des Sanatoriumsdirektors, den wir Herrn Marienbad nennen, denn er will, daß keinem sein wahrer Name enthüllt wird.

Ich glaube nicht, daß Du Marienbad kennenlernen wolltest. Es handelt sich um einen Menschen, der immer neu eingekleidet ist. Ein schlechter Unterhalter, aber ein unermüdlicher Schwätzer. Er hat einen riesigen, sorgfältig gepflegten Bart, der ihn noch korpulenter erscheinen läßt. Er ernährt sich ausschließlich von Dickmilch, geröstetem Reis und Bananenscheiben in Butter. Er ist sehr den Frauen zugeneigt, aber seine gesalbten Gebärden verbergen ein brutales Temperament, das bereits seine Plattfüße, seine spatelförmigen Nägel, sein fester Blick und sein starres Lächeln verraten.

Als Wissenschaftler, Weltmann und Förderer der Gymnastik bereist er die internationalen Kongresse in Begleitung einiger seiner Patienten, die für gewöhnlich, unter seiner persönlichen Führung, alle ersten Preise in den Turnwettbewerben gewinnen. Marienbad ist so etwas wie ein demagogischer Arbeiter, der unermüdlich dicke, untragbare Bände schreibt, in denen nur Banalitäten stehen; jedoch ist er daran gewöhnt, daß seine Schmöker sofort nach ihrem Erscheinen in verschiedene Sprachen übersetzt werden. Unzählige Zeitungsartikel haben seinen Namen verbreitet, und es ist zu erwarten, daß er mit seinem neuen Geschäft, der *Kafka AG*, noch mehr Ruhm erlangen wird.

Und Marienbad liebt das Geld. Ich habe in Erfahrung gebracht, daß er vor einigen Jahren seine Frau, eine reiche, aber verwachsene und bucklige Jüdin, entführte, was ihm mehrere Millionen an Mitgift einbrachte, mit denen er das Internationale Sanatorium errichtete. Obgleich seine Gewinnsucht bemerkenswert ist, läßt er uns gratis im Sanatorium wohnen. Manchmal bemüht sich einer von uns um ihn und erzählt eine Geschichte oder leistet ihm einfach Gesellschaft, damit er seine Dummheiten losläßt. Damit ist Marienbad schon mehr als zufrieden.

Er ist ein vollkommener Dummkopf, aber für uns erweist sich seine Gastfreundschaft als sehr nützlich. Walter Benjamin beispielsweise hat sie genutzt, um an dem Entwurf einer heiteren Maschine zu arbeiten, die fähig sein wird, jedes beliebige Buch aufzuspüren, das gewichtig und lästig ist und das nicht – nicht einmal miniaturisiert – in ein Köfferchen paßt.

Es ist eine sehr komplizierte Maschine, die, wie ich herausfinden konnte, mit Vorrichtungen versehen ist, die mir ehrlich gesagt kaum vertraut sind, nämlich tibaide Linsen, Brennzellen, Kupferkreise, ovale Zylinder, Metallknöpfe und -hütchen, Magnetnadeln, Schrauben und Jugulare.

Walter Benjamin ist davon überzeugt, daß in weniger als einem Monat der Entwurf der Maschine bereits abgeschlossen sein wird. Offenbar wird die Methode des Textwiegens darin bestehen, Bücher in ein Verlies von zylindrischer Form einzuführen und einer riesigen, runden Linse auszusetzen, die einen Blick darauf wirft. Die Bücher, die tragbar sind, werden sofort mittels eines schwarzen Zylinders auf freien Fuß gesetzt, der sehr schwer erscheint, sich in vertikaler Position über dem Boden befindet und von einer großen sphärischen Glühbirne gekrönt ist, auf der man die Aufschrift *Gegen den Grand Style* lesen kann und die ein blaues Licht aussendet, das sogar am hellichten Tag sichtbar ist. Die erregte Vibration der Maschine verursacht für einige Sekundenbruchteile ein Verlöschen der Birne, wobei deutlich wird, daß das Glas keine Farbe besitzt, sondern das Licht von sich aus blau ist. Das Licht schreibt seinerseits auf den obersten Punkt der Maschine und, wenn möglich, in 27 Sprachen die Aufschrift *Viva Vermeer*, und begrüßt so die frisch befreiten tragbaren Bücher überschwenglich.

Andererseits konnte ich in Erfahrung bringen, daß Tristan Tzara begonnen hat, eine tragbare Geschichte der kurzen Literatur zu schreiben: einer Art von Literatur, die seiner Meinung nach dadurch charakterisiert wird, daß sie kein System vorzuschlagen hat, nur eine Lebenskunst. Sie ist, in gewisser Weise, eher Leben als Literatur. Für Tzara ist sein Buch die einzig mögliche literarische Konstruktion, die einzige Transkriptionsmöglichkeit desjenigen, der weder an die Wahrscheinlichkeit der Historie noch an den im metaphorischen

Sinn historischen Charakter jeglicher Literarisierung glauben kann. Mit Hilfe origineller Mittel, als sie im Roman gemeinhin angewendet werden, bietet das Buch Skizzen der Sitten und des Lebens der Shandys. Tzara nimmt sich vor, das Traumbild zu kultivieren, diese Form literarischer Phantasie, die hinter ihrer Kaprice eine Reflexion und hinter ihrer Zierkunst eine Absicht verbirgt.

Du mußt auch wissen, daß Berta Bocado, von einem plötzlichen Ehrgeiz gepackt, versucht, ein absolutes Buch, ein Buch der Bücher, zu verfassen, das wie ein platonischer Archetyp alle einschließt – ein Ziel, das trotz seines hohen Alters immer noch tugendhaft ist. Wie immer bewegt sich die Bocado auf einem Irrweg, denn ihr Buch wird alles andere als tragbar sein.

Tatsächlich sind wir alle sehr beschäftigt. Wir sind eher Handwerker als Künstler, was hohl und pompös klingt, das heißt, wir sind Leute, die etwas tun. Eine Atmosphäre glücklicher Kreativität durchflutet die Räume des Internationalen Sanatoriums. Wir sehen uns untereinander kaum, denn wie Handwerker bleiben wir wie verrannt in unsere Individualität, aber manchmal weht ein Polarwind, der uns alle im zentralen Innenhof zusammenführt, wo wir lächelnd und in Mänteln vergraben komplizenhafte Blicke austauschen; ab und zu unterbricht das eine oder andere Wort das Schweigen, und wir fühlen, daß wir uns wie Lanzen aufrichten, die in die Höhe wachsen und über ihre Schatten hinausragen; wir erreichen den Sieg nicht, aber Schweigen um Schweigen kämpfen wir weiter, weil wir wissen, daß der Himmel den Ehrgeiz niemals verachtet.

So vergehen die Tage. Ab und zu lassen mich verstohlene Worte im Hof des Schweigens wissen, wie bei den anderen die Dinge bestellt sind, und so habe ich beispielsweise davon Nachricht erhalten, daß Scott Fitzgerald seinen Roman über einen gewissen Gatsby abgeschlossen hat. Es ist die Geschichte eines Mannes, der sich in unerbittlicher Bestimmung zum Nichts mit seiner Vergangenheit auseinandersetzt.

George Antheil arbeitet an seinem *Ballet Mécanique*, Shandy-Musik par excellence, und gleichzeitig ist er Maler und Zeichner des Winzigen geworden: der tausend Haare eines Zopfes oder der Irisierungen eines Pfannenstiels beispielsweise. Er schläft mit William Carlos Williams, der mit jedem Tag immer weniger einem Nordamerikaner ähnelt, und unterhält sich mit Versuchen, alle Geheimnisse mittels eines Sparrenwerks konzentrischer Scheiben zu lösen, die verschieden groß, drehbar und in Abschnitte mit lateinischen Aufschriften unterteilt sind.

Seine frühere Geliebte, Georgia O'Keeffe, intrigiert weiter und sagt, sie flaniere durch die Theater einer unsichtbaren Stadt, die ihre Einbildung so sehr benötigt wie das Gesetz der Schwerkraft. Diese Stadt bildet das Kontraktionszentrum ihrer Begierden und Abneigungen.

Gombrowicz schreibt gerade sein erstes Buch, etwas völlig Wahnwitziges über einen Tänzer; anscheinend handelt es sich um ein außerordentlich kurzes, unzusammenhängendes und absurdes Buch, das auf seine Weise großartig ist.

Dein von Dir so geschätzter Duchamp plant einen Essay über die Miniaturisierung als Anlage der Phantasie. Es handelt sich um einen Text, der offenbar als

Fortsetzung seines alten Vorhabens gedacht ist, etwas über Goethes *Neue Melusine* (im *Wilhelm Meister*) zu schreiben, wo ein Mensch sich in eine Person zu verlieben sucht, die in Wirklichkeit eine winzige Person ist, die zeitweise Normalgröße verliehen bekommt und die, ohne es zu wissen, eine Kiste bei sich hat, die dasjenige Königreich in Miniatur enthält, in dem sie Prinzessin ist. In der Erzählung Goethes wird die Welt auf einen sammelbaren Gegenstand reduziert, auf ein Objekt im wörtlichsten Sinne. Wie die Kiste in Goethes Erzählung ist ein Buch nicht nur Fragment der Welt, sondern eine kleine Welt in sich selbst. Es ist, als ob für Duchamp das Buch eine Miniaturisierung der Welt wäre, die der Leser bewohnt.

Alle haben sich, wie Du sehen kannst, auf Projekte gestürzt, die – dasjenige der Bocado ausgenommen – einem scharfsinnigen, rasenden und verzweifelten Portatilismus huldigen. Sogar Savinio, der immer der größte Exponent dieses so tragbaren Charakterzugs war, der darin besteht, manchmal unendlich faul zu sein, ist unermüdlich beschäftigt und in ein ebenso shandyhaftes wie unermeßliches Werk vertieft: Er ist mit den Enzyklopädien derart unzufrieden, daß er sich für den Privatgebrauch seine eigene schreibt. Und ich glaube, er tut gut daran, denn schließlich war beispielsweise Schopenhauer so unzufrieden mit den Philosophiegeschichten, daß er sich eine eigene für den Hausgebrauch anfertigte.

Mir erscheint es immer offensichtlicher, daß wir, die Tragbaren, auf die Welt gekommen sind, um den geheimsten und verborgensten Grund unserer Natur auszudrücken. Genau das unterscheidet uns von unseren lauen Zeitgenossen. Und ich glaube, daß wir mit dem Geist der Epoche tief verbunden sind, mit den unterschwelligen Problemen, die ihn bedrängen und ihm seinen Ton und Charakter verleihen. Wir sind in der Erscheinung immer eine Zweiheit, und zwar deswegen, weil wir gleichzeitig das Neue und das Alte verkörpern. Wir haben unsere Wurzeln in der Zukunft selbst, die uns so tief bekümmert. Wir haben zwei Rhythmen, zwei Gesichter, zwei Deutungen. Wir sind eins mit dem Übergang, mit dem Fließen. Auf neue Art weise, ist unsere Sprache kryptisch, unbeständig und verrückt. So kryptisch wie diese Postkarte, die zu ihrem Ende kommt: eine Postkarte, die im Grunde nicht mehr beabsichtigt, als Dich über unser großes Schaffensfieber und unsere beständige Begeisterung für die kurzen literarischen Ausdrucksformen zu informieren: eine Postkarte, die die unbeschwerte Sprache preist und die anmaßende universale Geste des Buches denunziert.

Zuvor erzählte ich Dir von dem geheimsten und verborgensten Grund unserer Natur. Dieses korrosive Geheimnis erwähnt Rimbaud in jenen erinnerungswürdigen Versen:

Hydre Intime, sans gueules,
Qui mine et desole.

Das ist das Leid, das ihn vergiftete und uns so sehr verstört – uns, die wir bis zum Wahnsinn unangepaßt sind.

Und zum Schluß entschlüssele dies, mein lieber Feuerball: Das Leben hier im Internationalen Sanatorium ist wie eine schneesüße Ermordung, ein kaltes Gift, das eisige Trostlosigkeit in weißen Nächten aus ehrwürdiger Seide verdeckt.

Du wirst wieder Nachricht erhalten von demjenigen, der jetzt umherstreicht und im vergeblichen Zögern, sich zu verabschieden, verschwindet.«[1]

[1] Sollte sich der stutzige Leser fragen, wie es möglich sei, daß ein so langer Text auf eine Postkarte paßt, so möchte ich erklären, daß Aleister Crowley eine winzige Schrift benutzte und es ihm gelang, alle Worte auf der Rückseite einer Fotografie von Prag unterzubringen, womit er dem alten Shandy-Ehrgeiz entsprach, eine mikroskopische Schrift zu erreichen. Aber der auffälligste Aspekt dieser Postkarte besteht darin, daß zum ersten Mal der Geheimname der tragbaren Gesellschaft *Hydre Intime* schriftlich niedergelegt erschien. Dies alarmierte Picabia außerordentlich, der sofort argwöhnte, daß, wenn es einen Verräter geben sollte, dieser nicht Céline wäre, sondern viel eher Crowley selbst.

Picabia hätte sich wegen Crowleys Postkarte gar nicht so aufzuregen brauchen, denn der Text des Verräters war in Wirklichkeit nicht so gefährlich, wie man hätte denken können, und verriet allerhöchstens etwas, was, genau besehen, nicht allzu besorgniserregend war. Im Internationalen Sanatorium waren sich nämlich viele Shandys bewußt, daß früher oder später die tragbare Verschwörung verschwinden müßte und daß dies nun einmal der Lauf des Lebens wäre und im Grunde sogar etwas sehr Wünschenswertes, denn so würde die Verschwörung zur spektakulären Überhöhung dessen werden, was mit der arroganten Schnelligkeit des Blitzes der Unverschämtheit entsteht und vergeht.

Duchamp versuchte, dies Picabia klarzumachen, nachdem er dessen Brief über die Existenz des Verräters im Sanatorium erhalten hatte, und schrieb Picabia, daß Crowleys Postkarte nichts weiter als ein bewegendes Dokument sei, ein eigenwilliger Text, der im Grunde vom Shandytum vollkommen durchdrungen sei.

Eigentlich zeigte die Postkarte eine edle Besorgnis, nämlich wie es zu bewerkstelligen sei, unter den Shandys eine beständige Arbeitslust aufrechtzuerhalten, und dies war von Grund auf tragbar, weil die Shandys, abgesehen von einer Zeitspanne exzessiven Vagabundierens, sich immer sehr beschäftigt zeigten und immer versuchten, mehr zu arbeiten, und dabei oft über ihr Leben als unermüdliche Künstler spekulierten. Viele ihrer Texte gingen sogar so weit, daß sie merkwürdige Abschnitte enthielten, in denen Rezepte für das Arbeiten geliefert wurden: die besten Voraussetzungen, das *Timing*, die Utensilien. Und ein Teil ihres Dranges zu ausgedehnter Korrespondenz, die sie sowohl mündlich als auch schriftlich untereinander pflegten, rührte immer daher, daß sie eine Chronik anfertigen wollten, die über die Existenz der Arbeit informiert und sie bestätigt.

Den Shandys waren ihre Sammlerinstinkte überaus hilfreich. Das Lernen war eine Form von Sammeln, beispielsweise sammelten sie Zitate und Extrakte aus ihrer täglichen Lektüre in Notizheften an, welche sie überallhin mitnahmen und oft bei ihren verschwörerischen Café-Treffen zu lesen pflegten. Auch das Denken war für sie eine Form von Sammeln, wenigstens in ihren frühesten Phasen. Sie notierten gewissenhaft extravagante Ideen; sie entwickelten Mini-Essays in ihren Briefen an Freunde; sie schrieben ständig ihre Pläne für zukünftige Projekte um; sie zeichneten ihre Träume auf; sie führten numerierte Listen aller tragbaren Bücher, die sie lasen.

Aber wie verwandelten sich die fröhlichen, unbeständigen und verrückten Shandys in Helden des Willens? Meiner Meinung nach gelang es deshalb, weil die Arbeit zu einer Droge, zu einem inneren Zwang werden kann. »Das Denken ist ein ausgezeichnetes Narkotikum«, schrieb Walter Benjamin.

Das Bedürfnis nach Einsamkeit, begleitet von der Bitternis wegen ebendieser Einsamkeit, war ein sehr verbreitetes Merkmal bei diesen fröhlichen und unbeständigen Arbeitern, die die Shandys waren. Um ihre Arbeiten voranzutreiben, mußten sie einsam sein oder durften sich zumindest nicht fest binden. Ihre ablehnende Haltung gegenüber der Ehe kommt in zahlreichen

Schriften klar zum Ausdruck. Ihre Helden – Baudelaire, Kafka, Roussel – heirateten niemals. Einige Shandys, die – obwohl sie wie Junggesellenmaschinen funktionierten – verheiratet waren, betrachteten ihre Ehe schließlich als für sie »fatal«. Für ihre Junggesellenmaschinen war die Welt der Natürlichkeit und der natürlichen Beziehungen alles andere als verführerisch. Im großen und ganzen waren sie Kinder-Hasser. Walter de la Mare warf schließlich seinen Sohn zum Fenster hinaus und schrieb danach, daß für ihn das Natürliche in Gestalt familiärer Bande das falsche Subjektive, das Sentimentale einführe. »Es war«, schrieb Walter de la Mare, »ein Aderlaß des Willens, der Unabhängigkeit und der Freiheit, die man braucht, um sich auf die Arbeit konzentrieren zu können.«

Der Arbeitsstil des Shandys war die Versunkenheit, die Konzentration auf die Arbeit. »Entweder ist jemand versunken, oder die Aufmerksamkeit treibt in die Ferne davon«, schrieb Juan Gris. Dies erklärt zum Teil, daß sie sich auf der Suche nach dieser Versunkenheit oder Konzentration auf die Arbeit schließlich in einem unbeweglichen Unterseeboot, dem *Bahnhof Zoo*, einquartierten. Aber die Konzentration birgt Risiken in sich und endet damit, daß man Odradeks, Golems, Bukarestis und Kreaturen aller Art erschafft, die die Einsamkeit derjenigen bevölkern, die sich – in intensivem Zusammenleben mit dem Doppelgänger – isolieren, um zu arbeiten.

Genauso geschah es mit den Shandys, die nicht einmal im Internationalen Sanatorium vor der beständigen Heimsuchung durch diese Kreaturen sicher sein konnten – eine richtige Parallel-Verschwörung zu *Hydre Intime* –, was sie schließlich dazu brachte, eine Reise nach Triest zu erwägen. Sie bildeten sich nämlich ein, daß ein mediterraner Schauplatz ihre Verfolger desorientieren könnte, da es doch Wesen waren, die ihrer Meinung nach den Nebel des tschechischen Mysteriums mehr brauchten als das durchsichtige Blau der adriatischen Küste. Aber die Shandys hatten nicht mit dem Mysterium des dicken und hartnäckigen Nebels von Triest gerechnet, und sie traten schließlich nach einem unheilvollen Aufenthalt in dieser Stadt die Rückreise nach Paris an.

Nervös gelangten die Shandy-Reisenden nach Paris, nachdem sich in Triest der Verdacht, es könnte eine Parallel-Verschwörung existieren, erhärtet hatte. Nervös und auch entstellt. Meyrink beispielsweise sah aus wie ein Schiffsjunge. Littbarski war wie ein japanischer Matrose gekleidet. Dalí musterte auf der Suche nach seinem persönlichen Moby Dick unablässig den Horizont. Rita Malú war als Fregatte verkleidet. Robert Walser erschien so, als käme er direkt von Potemkin.

Ein maritimes Delirium, wie man sieht: eine Sammlung von Miniaturschiffen für Larbaud; Flaschenpost für den Fürsten Mdivani; Fotografien von Walen, die zwischen den Zähnen ihrer grimmigen Jagdtiere steckten, für Pola Negri. Insgesamt ein maritimes Delirium, das sie Paris mit einem riesigen Landhaus verwechseln ließ, was wiederum einige Zwischenfälle mit denjenigen Shandys heraufbeschwor, die in dieser Stadt geblieben waren. Aber bald glätteten sich die Wogen wieder, denn da die tragbaren Reisenden in Triest die ersten Gesänge auf die Faulheit und Unbeständigkeit in der Kunst angestimmt hatten (zweifellos eine antihysterische Reaktion auf so viele Tage Arbeit), genügte nun schon eine Geste der Billigung und des Lobes der Muße von seiten der in der festen Pariser Erde verankerten Tragbaren, damit die aus Triest kommenden Shandys die Möglichkeit erwogen, den Frieden zu besiegeln, der die Geheimgesellschaft wiedervereinen sollte.

Am selben Tag, an dem Marcel Duchamp bekräftigte, daß der Parasitismus eine der Schönen Künste sei, wurde der Friede geschlossen. Dies geschah in der Coupole im Verlauf einer Hommage an Pyecraft, eine von dem Romancier H. G. Wells ersonnene Person, das heißt eine fiktive, *avant la lettre* tragbare Figur, denn es handelte sich um jemanden, der nach dem Verlust seines spezifischen Gewichts und aus Furcht davor, in den Himmel zu steigen, nur mit Bleiplättchen, die in seiner gesamten Unterwäsche eingenäht waren, aus dem Haus ging. Ebenso trug er Stiefel mit Bleisohlen und ein bleigefülltes Köfferchen.

Mit einem Koffer voll Blei fuhr ich vergangene Woche auf die Insel Korsika, weil ich mich für einige Tage von den Tragbaren befreien wollte, denn ich hatte den Eindruck, daß meine Obsession mit dem Shandytum und meine tägliche Hingabe, darüber zu schreiben, eine progressive Lähmung meiner Olivetti Lettera 35 zur Folge hatten. Ich dachte, daß ich mir ein gewisses Recht darauf erworben hätte, auszuspannen und mich im immer dankbaren Kapitel der Faulheit zu verlieren.

Aber das, was mir passierte, war einfach furchtbar. Ich sah beispielsweise die Gestalt Napoleons – des Lokalheroen von Ajaccio – in einer Miniaturausführung, und sofort erinnerte ich mich nicht nur an das shandyhafte Glücksgefühl angesichts des Kleinen, sondern ich mußte außerdem unwillkürlich daran denken, wie klein sich der Tragbare Robert Walser vorkam, als er sich in einem seiner Bücher einbildete, ein Infanteriesoldat des napoleonischen Heeres zu sein (»... ich wäre nur noch der kleine Bestandteil an der Maschine einer großen Unternehmung, kein Mensch mehr...«).

Alles, was ich sah oder dachte, brachte ich augenblicklich und unweigerlich mit der Shandy-Welt in Zusammenhang. Und so legte ich mich beispielsweise in einen Liegestuhl und schaute aufs Meer, und sofort kam mir in den Sinn, wie die Tragbaren ganze Tage in der Stadt Triest in den Liegestühlen lagen, nicht weil sie sich nach soviel Arbeit entspannen wollten, sondern weil sie kein anderes Mittel sahen, sich von den Odradeks zu befreien, da jene Geschöpfe nur dann nicht ihre Gastgeber umschwirrten, wenn sich diese dem Nichtstun hingaben.

Für mich gab es keinen Weg, die Shandys zu vergessen, vielleicht weil meine Obsession auch tragbar war, vielleicht weil das Tragbare, nachdem ich die Shandy-Gewässer endlos Tag und Nacht durchpflügt hatte, wie ein Ozean war, der unendlich schien und sich mit mir von Ort zu Ort fortbewegte.

Meine Geduld erschöpfte sich schließlich in einem Alptraum, in dem gewisse Erfahrungen, die Aleister Crowley in Triest gemacht hatte, leicht verzerrt erschienen. Der Alptraum begann mit einem theatralischen Prolog, in dem mir hemmungslos unmoralische Schauspiele als puritanische präsentiert wurden. Als der Vorhang fiel – auf dem man das von Duchamp entworfene Shandy-Anagramm sehen konnte – und damit sowohl der Ansager wie die unmoralischen Schauspiele des Prologs verschwunden waren, konnte ich erkennen, wie Golems über silberglänzende Liegestühle glitten, die Odradeks verfolgten, die ihrerseits *femmes fatales* verfolgten, die in Kanus von Strand zu Strand flüchteten, bis sie an ein schwarzes, öliges Meer gelangten, wo Madrider Professoren Ozeandampfer steuerten, die auf die kleinste Erscheinungsform reduziert waren und viel eher Bukarestis ähnelten, die aus den Gräbern sezierter Nonnen in Sewastopol gerettet worden waren.

Gerade in dem Augenblick, als sich die Odradeks, ihre Golems, die *femmes fatales*, die Bukarestis, die Nonnen und die Madrider Professoren aufdringlich an meine Schultern hefteten, wachte ich plötzlich verängstigt auf. Ich betrachtete mich im Spiegel, und zu meiner Erleichterung sah ich, daß ich nicht Crowley war, sondern ein Erforscher der Geheimgesellschaft der Shandys. Nein, ich war nicht Crowley, wiederholte ich mir hunderte Male. Und danach beschloß ich, daß ich noch am selben Tag nach Barcelona zurückkehren und versuchen müßte, mich von den Anstrengungen zu erholen, die mich das Vorhaben gekostet hatte, die Shandy-Welt zu vergessen.

Ich kehre nun zu meiner abgekürzten oder – wenn Sie wollen – abgestürzten Geschichte der tragbaren Literatur zurück. In seinem Buch *Os bucarestis*, dem Tagebuch seines Triester Aufenthalts, nahm der Satanist Aleister Crowley den Bericht seiner Erforschung der Bukarestis zum Vorwand, um ohne das geringste Mitgefühl unverschämt über die Tragbaren herzuziehen, auch wenn er sie nie ausdrücklich erwähnt, denn er nennt sie rätselhafterweise *Bocángeles* (Engelmünder).[1]

Es handelt sich um ein höchst ärgerliches Buch, denn

[1] »Diese Welt, Republik des Windes / die einen Akzidenten zum Monarchen hat.« Diese Verse stammen aus einem Sonett des spanischen Dichters Gabriel Bocángel (1603–1658). Als ich mein Buch bereits abgeschlossen hatte, wiesen mich die Tochter von Picabia und Germaine Everling darauf hin, daß *bocángeles* eine indirekte Anspielung auf diese Verse des spanischen Dichters

es ist aus 27 Fragmenten zusammengesetzt, in denen Aleister Crowley ohne den geringsten Skrupel auf 27 verschiedene Arten wiederholt, daß die *Bocángeles* den ganzen Tag in den Liegestühlen verbrachten und daß er allein unter großen Anstrengungen die Last des zudringlichen und keinesfalls imaginären Negerstammes trug, der sich an seine Schultern geheftet hatte und unter dessen Gewicht er nur schwankend gehen konnte. Ein Buch, das offenbar nur den Zweck verfolgt, sich über denjenigen Leser lustig zu machen, der es zur Hand nimmt, um Informationen über den Aufenthalt der Tragbaren in der Grenzstadt Triest einzuholen. Ein zufällig ausgewählter Ausschnitt verdeutlicht dies:

»Triest oder die Provinz als Schauspiel. Ich schreibe lustlos, nachdem ich den Aquädukt entlangflaniert bin und Herrn Italo Svevo begrüßt habe, der den *Bocángeles* am allerwenigsten ähnelt. Der Nachmittag ist kalt, und der Himmel ist trotz des Scirocco, der seit dem Morgen auf der Stadt lastet, klar. Es erscheint unmöglich, daß der schwindsüchtige Karneval, der heute nachmittag mit einem ersten Maskenball eingeleitet wurde, der kaltfeuchten Temperatur widersteht. Es handelt sich um einen armseligen Karneval, und meine Spielgefährten, meine geliebten *Bocángeles*, haben ihm den Rücken zugekehrt. Ihnen gefällt es, nur in den Liegestühlen zu liegen. Flüchtiger Himmel von Triest, traurige Stadt, in der ich hätte glücklich sein können, wenn ich zum Teufel nicht entdeckt hätte, daß jedem Odradek sein Golem zukommt und jedem Golem sein Bukaresti, der – und

sein könnte, da nach ihrer Aussage unter den Shandys oft von »unserer Republik des Windes« die Rede war, um die ephemere tragbare Bewegung zu definieren.

darauf bestehe ich – ein rumänisches, winziges und haarsträubendes Geschöpf ist, das sich nie von seinem Herrn, dem Golem, trennt. Hier in Triest hätte ich glücklich sein können, wenn nicht häufig auf meiner linken Schulter mein persönlicher Odradek in Begleitung seines betreffenden Golems säße, der wiederum nicht ohne Bukaresti auftritt; auf meiner rechten Schulter bemühen sich meine *femme fatale* und ein Madrider Professor namens Bérgamo[1] darum, ein angemessenes Gegengewicht herzustellen, damit meine Gestalt nicht gänzlich aus dem Gleichgewicht gerät. Aber auch sonst muß ich darauf achten, im Gleichgewicht zu bleiben. Die außerordentlichen Schulterpolster meines Sakkos aus schwarzem Satin (die Farbe der Weisheit, denn als Pigment ist es die Konzentration aller existierender Farben) verbergen nicht die Last, die an jenem Tag auf meine Schultern fiel, an dem ich mich aus reiner Kaprice entschloß, dieses Abenteuer zu unternehmen, das paradoxerweise keines gewesen wäre, wenn es nicht so viele Schwierigkeiten bereitet hätte voranzukommen und die Wesen nicht so schwer gewesen wären, die sich unverschämt auf meinen Schultern breitmachen und damit zu verhindern suchen, daß das Abenteuer vorangeht.«

Bei der Lektüre von Crowleys Buch zögert man keinen

[1] Wahrscheinlich bezieht er sich auf José Bergamín, obgleich es sich auch um eine subtile Hommage an *Bérgamo* handeln könnte, eine ausgezeichnete Erzählung, die Walter de la Mare in seiner Villa auf Capri schrieb: Es ist die Geschichte eines imaginären Shandy, der auf die gleiche Weise wie alle anderen Tragbaren durchs Leben geht, nämlich mit einer außerordentlichen Abneigung gegen die persönliche Note, einen gut definierten und leicht wiedererkennbaren künstlerischen Stil, gegen den Besitz dieses einzigartigen und unübertragbaren Vokabulars, der bestimmte Zeichen zu Chagall oder Giacometti, zu Claudel oder Thomas Mann werden läßt, um damit vier Beispiele absolut untragbarer Künstler zu nennen.

Moment, so viel Feuerwerk und loses Bukaresti für unglaubwürdig zu halten, doch es ist überraschend, wenn man seinen Text mit Walter Benjamins *Letzte Momentaufnahme der europäischen Intelligenz* oder mit Man Rays *Travels with Rita Malú* oder mit Tristán Tzaras Buch vergleicht, denn man erkennt dann, daß die drei Texte großenteils mit den Spekulationen Crowleys übereinstimmen.

»In Triest« – schreibt Walter Benjamin – »wohnte ich in einem Hotel, in dem fast alle Zimmer von tibetanischen Lamas belegt waren, die zu einem Kongreß der gesamten buddhistischen Kirchen in die Stadt gekommen waren. Es fiel mir auf, wie viele Türen in den Gängen des Hauses stets angelehnt standen. Was erst ein Zufall schien, wurde mir unheimlich. Ich erfuhr: In solchen Zimmern wohnten Angehörige einer Sekte, die gelobt hatten, sich nie in geschlossenen Räumen aufzuhalten. Ich habe den Schrecken, der mir widerfuhr, nie vergessen können. Jemand flüsterte mir ins Ohr, diese tibetanischen Lamas seien in Wirklichkeit unsere Odradeks; und man könnte tagsüber in den Straßen Triests sehen, wie sie sich durch die Unterwelt bewegten, verborgen in heruntergekommenen Zimmern, Bordellen, Wirtschaften, wobei sie sich als Bettler, Einäugige, arbeitslose Seeleute, Raufbolde, Rauschgifthändler oder Puffportiers ausgaben.«

Und Man Ray schreibt: »Während unseres Aufenthalts in Triest schockierte uns nicht das Monströse, sondern seine Offenkundigkeit. Deswegen flüchteten wir uns in die Liegestühle – welch eine Wonne, zur Kindheit zurückzukehren und von neuem die Disziplinlosigkeit zu entdecken! –, und wir achteten darauf, uns nicht zuviel zu bewegen. Und auf eine verzögerte, aber unbarmherzige Weise zeigte sich, daß wir auf unserer Reise von einer Parallel-Verschwörung beschattet wurden, nämlich einer phantasmagorischen, aber wahrnehmbaren Verschwörung, angeführt von nichtmenschlichen Wesen, die im Unterschied zu uns mit ihrer Verschwörung ein Ziel verfolgten. Dieses Ziel bestand in nichts anderem als darin, unsere Geheimgesellschaft zu zerstören. Es handelte sich um fremdartige, von keiner Mutter geborene Bastarde, die sich, je nachdem, auf Dachböden und Treppen, in Gängen und Vorhallen oder auch auf unseren Schultern niederließen und zuweilen gar in unseren Gehirnen.«

Nach Meinung von Maurice Blanchot, der in *Faux Pas* dem tragbaren Phänomen eine kurze Studie widmet, sind diese fremdartigen Bastarde, von denen Man Ray spricht, vielleicht nur die Gestalt, die die Dinge im Vergessen annehmen; diese Dinge deformieren sich, sie werden nicht mehr wiedererkennbar, aber nichtsdestoweniger reisen sie mit uns, konspirieren an unserer Seite; es sind Dinge, die es an traurigen, verlassenen Orten gibt und die zuweilen unser Gehirn durchdringen und sich in vollkommenem Schweigen anordnen (»das Schweigen der Saboteure«, lesen wir in *Tristram Shandy*, »die diejenigen belauern, die einstmals glaubten, sie seien die einzigen Saboteure«).

Aber meiner Meinung nach bleibt noch die Möglichkeit offen, daß diese Phantasmen in den tragbaren Gehirnen einfach der von ihnen geschriebenen Literatur entsprechen. Letztlich steht in jedem Fall außer Zweifel, daß kein Tragbarer die Existenz der Parallel-Verschwörung ignorierte, was beweist, daß für sie jene geheime

Forderung der Kunst höchsten Wert besaß, die besagt, daß der Künstler sowohl in Erstaunen versetzen wie selbst erstaunen können muß angesichts dessen, was trotz seiner Unmöglichkeit *ist*.

Man braucht nur nachzulesen, was Tristan Tzara schreibt, wenn er in seiner *Tragbaren Geschichte der verkürzten Literatur* die Existenz der Parallel-Verschwörung bestätigt: »Wir haben Prag auf der Suche nach mediterranen Schauplätzen verlassen, die es uns erlauben sollten, unsere unversöhnlichen Verfolger abzuschütteln, aber diese besaßen die Dreistigkeit, noch vor uns in Triest anzukommen. Wir brachten in Erfahrung, daß sie Äther nahmen und daß sie dies mit der Geschwindigkeit eines Expreßzuges ans Ziel brachte. Ihre Verschwörung tanzte am Ende einer Treppe mit steilen Stufen. Unterdessen entfernten sich unsere Schultern, als wenn ihnen Tropfen für Tropfen unsere materiellen Gewichte eingeflößt würden, und bogen sich wie Gummi am scharfen Rand unserer selbst. Und über unseren Mündern war etwas, das einem Eismund ähnelte; so begannen wir, dieser unbenennbaren Verschwörung den Namen *Eismund* zu geben, die an unserer Seite reiste und die bei mehr als einer Gelegenheit die Form jener Gestalt annahm, die wir auf der letzten und schrecklichsten Seite der Geschichte von Arthur Gordon Pym finden, jener Gestalt von so vollkommener Weiße wie Schnee...«

Sie verließen Triest und fuhren nach Paris in dem Vertrauen, daß es ihnen dort mit der Unterstützung der zurückgebliebenen Tragbaren leichter fallen würde, *Eismund* zur Strecke zu bringen, doch es geschah etwas anderes: Die Verschwörung der vollkommenen Schneeweiße hatte mit Feuer-Sphinxen auch die in Paris ansässige tragbare Vereinigung erstickt, und dies hatte zur Folge, daß sich viele Shandys dazu entschlossen, sich auf den Meeresgrund zurückzuziehen, ihre schöpferische Tätigkeit im Unterseeboot *Bahnhof Zoo* wiederaufzunehmen und so die Liegestühle jener Tage literarischer Muße zu vergessen, die die flüchtige Lichtheit des Kapitels über die Faulheit bildeten.

Bahnhof Zoo

Es gibt nur zwei Texte, die uns von den Tagen berichten, die die Shandys in dem von Fürst Mdivani gemieteten Unterseeboot verbrachten. Einem dieser Texte, der vom Fürsten selbst stammt, kann man kein Vertrauen schenken, denn es handelt sich um ein simples und absurdes Delirium. Er möchte uns nämlich eine Reise im Unterseeboot bis ans Ende der Welt beschreiben, obgleich der *Bahnhof Zoo* sich in Wirklichkeit gar nicht bewegte, sich gar nicht vom Hafen Dinard in der Bretagne wegbewegen konnte, denn es war nur Kriegsschrott, das heißt ein Relikt des Ersten Weltkriegs, das, bevor es vom Fürsten gemietet wurde, als chinesisches Restaurant gedient hatte. Der andere Text, das Logbuch des Malers Paul Klee, ist viel zuverlässiger, obgleich er zum Schluß abschweift und sich von einer lyrischen Ader leiten läßt, die die tatsächlichen historischen Fakten verdunkelt.

Wie ich schon sagte, ist der Text Mdivanis reines Delirium. Ich weiß nicht, ob es daher rührte, daß er davon besessen war, seine Leser zu faszinieren, oder daß er einfach seine Kapitalanlage rentabel machen wollte; auf alle Fälle steht fest, daß der Fürst eine unterhaltsame, jedoch unwahrscheinliche Abenteuerreise erfand, die in Sansibar begann und auf dem Grund des Nie-Wieder-Meeres endete. Hier gebe ich eine kurze Kostprobe aus dem bemerkenswerten Delirium des Fürsten: »Richtung Balboa unter dem Vollmond gegen die abnehmende Flut steuernd, die Wolken wie Makrelengräten, verschwommene Herkulesse, malvenfarbene Abenddämmerungen, die für entfremdete Reisende schrecklich sind. Die Panama-Küste gleicht dem Land Wales.«

Was Paul Klee anbelangt, muß man meiner Meinung nach sein Bemühen um Sachlichkeit anerkennen und ihm seine Abschweifungen am Ende verzeihen, die eher Produkt seiner plötzlichen Entdeckung der Poesie sind als irgend etwas anderes. Außerdem hat der Aspekt des späten Abschweifens den Vorteil, daß wir praktisch fast alles, was wir über den *Bahnhof Zoo* wissen wollen, erfahren können. Andererseits sind die Zeilen seiner Abschweifung schön, und mir gefällt es, das wortwörtlich zu glauben, was sich dort ausdrückt, etwa das Bild des armen Todes, wie er das Unterseeboot besucht...

Klee beginnt sein Logbuch mit der Erklärung, woher der Name *Bahnhof Zoo* stammt. Er teilt uns mit, daß im damaligen Berlin der Bahnhof Zoo der bekannteste Treffpunkt der Stadt war; unter der Uhr, die über diesem Ort thronte, konnte man zu jeder Tages- und Nachtzeit eine Menschenmenge antreffen, die auf ihre Lieb- oder Freundschaften wartete. Für den Fürsten Mdivani war *Bahnhof Zoo* der angemessenste Name für sein altes Unterseeboot, denn in Berlin und unter dieser Uhr (hergestellt durch eine Firma namens *Narrenschiff* aus Zürich) wartete er mehr als einmal auf eine *femme fatale*, die ihn schließlich furchtbar unglücklich machte, was ihn zu dem Entschluß bewegte, sich damit darüber hinwegzutrösten, daß er ein unbewegliches Unterseeboot anmietete, in dem sich seine tragbaren Freunde vergnügen konnten.

Andererseits evozierte das Wort Zoo die biblische Arche Noah, die dem Unterseeboot so sehr ähnelte, denn nur bei dieser Gelegenheit gab es eine so große Vielfalt tragbarer Tiere an einem Fleck. Zusammen mit den historischen Teilnehmern am Wiener Fest schifften sich in letzter Stunde unter anderem so außergewöhnliche Personen wie Marianne Moore, Cyril Connoly, Carla Orengo, Ezra Pound, Josephine Baker, Jakob Sureda, Erich von Stroheim, der Juwelier Rozanes und Ossip Mandelstam ein, ebenso wie ein malerischer Schiffskapitän, der darauf beharrte, Missolonghi zu heißen, und der kein anderer als Robert Walser war, der nach Jahren am Rande des Wahnsinns schließlich in dessen Abgrund gefallen war.

»Eben dieser Missolonghi« – schreibt Paul Klee – »trug ein pelzgefüttertes Jackett mit hochgeschlagenem Kragen und eine blaue Mütze; er war eine kolossale Erscheinung mit seinem hakenförmigen Profil im Gegenlicht der Schiffsluke; immer ärgerte er sich über diejenigen, die er für Ladungsstauner hielt; ständig rief er ihnen Flüche und Befehle in einer unverständlichen Sprache zu.«

Diejenigen, die er für Stauner hielt, waren in Wirklichkeit eine Gruppe englischer Dichter, Freunde des Juweliers Rozanes und große Bewunderer der Poesie Baudelaires, die die Aufgabe übernahmen, die korrekte Funktionsweise des Salon Macao zu überwachen, eines luxuriösen Kabinetts für Opiumraucher, das einen geplünderten norwegischen Palast nachempfand und neben dem Marionettentheater eine der größten Attraktionen des Bahnhofs Zoo darstellte.

Im Salon Macao, über dem ein riesiger Kompaß chinesischer Herkunft thronte, spielte sich der Zwischenfall zwischen Rita Malú und Carla Orengo ab, als diese erfahren hatte, daß auch die andere in Picabia verliebt war; die Orengo wartete, bis die Malú in vollem Opiumrausch war, um ihr den Kopf bis auf das letzte Haar kahl zu scheren. Dies war ein großer Skandal, ein schwerer Zwischenfall, dem sich bald ein zweiter hinzugesellte: Max Ernst, der insgeheim in die Orengo verliebt war, verfiel in eine vorübergehende Verrücktheit, die ihn dazu verleitete, an König Alfonso XIII. von Spanien zu schreiben und ihm die Liebesdienste von Josephine Baker anzubieten. Dies verband er mit dem Vorschlag, er solle »einer Geheimgesellschaft oder einem tragbaren Perimeter beitreten, der im Zentrum der Sprache selbst einen großen Phantasiestrand frei lasse, der nur mit seinem Spiel entschlüsselt werden könne«. Der Brief wurde rechtzeitig von Henri Michaux abgefangen, der Max Ernsts Verstand dadurch wiederherstellen konnte, daß er ihm von dem Shandy-Wahn erzählte, jene unbewegliche Reise zum Meeresgrund zu unternehmen.

Henri Michaux war davon überzeugt, daß das Sich-Versenken in die Tiefen des Hafens von Dinard als Reise nach unten verstanden werden müßte. Das Hinabsteigen war für Michaux gleichbedeutend mit dem Sich-Versenken in das, was uns aufrechterhält, es war gleichbedeutend mit dem Untergraben des Fundaments, auf dem wir fußen; nach seiner Meinung verlieren wir unsere Bezugspunkte, wenn wir zu dem hinuntersteigen, was wirklich unten ist, und die, die die Kühnheit haben, radikal hinunterzusteigen, beweisen, wie das Obere zu dem wird, was sie bedeckt; ebenso wie das Offene innerhalb eines geschlossenen Raums (wie des *Bahnhofs Zoo* beispielsweise) allmählich eine entfernte, finstere Unbestimmtheit gewinnt.

Aber nicht allen Shandys gingen beim Untertauchen

auf der Suche nach dem Opiumsalon die Perspektiven auf, die ihnen in den Tiefen offenstanden. Für viele war dies zwar ein exotischer, aber ansonsten belangloser Abstieg zu einem Raucherzimmer am Meeresgrund und nicht viel mehr; bis sie begriffen, daß es sich um eine instinktive Bewegung handelte, die vollkommen dem tragbaren Gefühl entsprach oder entsprechen konnte; diese Bewegung ermöglichte außerdem paradoxerweise die Fortsetzung der Shandy-Reise, denn es ging ausschließlich darum, im Unteren unbeweglich zu werden, um so im Oberen uneingeschränkte Bewegungsfreiheit wiedererlangen zu können.

»Es waren damals« – sagt uns Paul Klee – »Tage voller Aufregung und dicken Rauchs. Kein Tragbarer vergaß, nach zuvor ausgegebenen Losungen mit einem Spazierstock in den *Bahnhof Zoo* einzutreten, wobei insbesondere derjenige von César Vallejo hervorstach, der aus Kaoba-Holz bestand und sich auf einer gewissen Höhe verdickte, wo auch zwei Brustwarzen hervortraten. Es war bloß ein Stock, aber an dieser Stelle verweiblichte er sich schlagartig. César Vallejos Stock faszinierte uns so sehr, daß wir ihn zusammen mit dem Piano des Salons Macao in das Wappen der Shandys aufnahmen.«

Spazierstock und Piano spielten auch in einem Gedicht César Vallejos die Hauptrolle, das er an Bord von *Bahnhof Zoo* schrieb und das bis heute als ein hochgradig hermetischer Text gilt, obgleich es sich in Wirklichkeit um eine suggestive und transparente Annäherung an die statische Reise des tragbaren Opiums nach unten und nach innen handelt:

»Dieser Stock ist ein Piano, das nach innen reist,/und nach unten,/mit fröhlichen Sprüngen./Dann meditiert es in einer eisernen Ruhe,/angenagelt mit zehn Horizonten./Es wird schneller. Es schleppt sich unter Tunnels,/ weiter fort unter Tunnels des Schmerzes,/unter Wirbelknochen, die natürlich flüchten./Andere Male gehen seine Rüssel,/langsame, gelbe Lebensbegierden,/gehen zugrunde,/und es entlausen sich insektenartige Alpträume,/die schon tot sind für den Donner, Herold der Erdschöpfungen./Dunkles Piano, nach wem spähst du aus in deiner Taubheit, die mich hört, mit deiner Stummheit, die mich betäubt?/Oh, mysteriöser Schlag.«

Colette, Cocteau, Varèse und Antheil schlugen fortwährend nach einer festen Reihenfolge traurig die Tasten des Pianos im Salon Macao an, einem zu jeder Tages- und Nachtzeit sehr frequentierten Ort. Aber da geschah es, daß Antheil sich in Pola Negri verliebte und durch Erik Satie ersetzt werden mußte. Denn Antheil begann in der Absicht, die *femme fatale* zu erobern, ozeanographische Studien zu treiben, mit einem Taucheranzug in die tiefen Gewässer hinabzutauchen, unbekannte Weichtiere zu katalogisieren etc. Jegliche Tätigkeit, die Aufsehen erregt.

Pola Negri, die anfangs absolute Indifferenz gegenüber dem aktiven Musiker zeigte, erbarmte sich schließlich seiner, als sie sah, daß er krank wurde, und begann dann, indem sie sich auf ihren Charakter als *femme fatale* besann, ihn anzuhimmeln, als er erkältet im Bett lag. Mehrere Tage teilten sie sich dieselbe Koje im Salon Macao. Bis er eines Nachmittags plötzlich bemerkte, daß sie von einem merkwürdigen Übel gequält wurde. Sie war tatsächlich krank, denn sie verstand nicht zu lieben. Und das Wasser tötete sie. Dies offenbarte allen Tragbaren, daß nicht nur sie selbst verdammt waren.

Auch die *femmes fatales* waren es. Während sich die Geheimgesellschaft schon im vollen Untergang und Todeskampf befand, entdeckte man also die Präsenz dieses Übels, dieser fremdartigen Krankheit, die ihrerseits die Präsenz des Wassers, des Todes und des Nichts offenbarte, wovon Antheil sichtlich bewegt wurde, denn er meinte: »Wie seltsam ist doch eine Leiche.«

Eine Wasserleiche, würde ich präzisieren, wobei ich T. S. Eliot und seine Verse auf das Verschwinden Pola Negris paraphrasiere.[1] Im Grunde (des Meeres und ihres Bewußtseins) huldigten alle diesem Tod, ebenso wie es niemandem entging, daß auch die Odradeks von jenem fremdartigen Übel heimgesucht wurden. Paul Klee versicherte, er habe in einem Opiumtraum gesehen, wie sein Odradek aus der Koje flog und eingehüllt in eine malvenfarbene Rauchwolke aus dem *Bahnhof Zoo* floh, nach Saint Maló abtauchte, sich auf das Grab von Chateaubriand setzte und dort unter einem auf weißer Wand gemalten blauen Anker die dahintreibenden Segelboote beobachtete, um später einen Revolver aus der Tasche zu ziehen, ihn sich in den Mund zu stecken und abzudrükken. »Für einen Augenblick« – schrieb Paul Klee – »sah der Odradek noch das Grab, den Glanz des Meeres und die Segelboote. Aber kurz darauf verschwand alles, inklusive er selbst, in einem bretonischen Untergang.«

Im Salon Malabar des Unterseebootes wurde diese Geschichte neben vielen anderen auf die Bühne des Marionettentheaters gebracht. Alle Shandys erinnerten sich an jenen berühmten Anfall von Goethes *Wilhelm Meister*, in dem dieser erzählt, wie er anhand eines

[1] in dem Buch *The shady shandy*.

tragbaren Marionettentheaters, das sein Vater ihm bei einer früheren Gelegenheit geschenkt hatte, in die wundersame Welt des Schauspiels eingeführt wurde. Deswegen durfte im *Bahnhof Zoo* das faszinierende Universum der Marionetten nicht fehlen.

Die Marionetten galten den Tragbaren als eine Metapher für ein glückliches und bewegliches Wesen, dessen Handlungsweise nicht von seinem eigenen Bewußtsein abhängt. Sie dienten ihnen auch dazu, die Grundsätze eines weisen Pilgerns zwischen den Risiken des Wissens und dem hohen Licht der Gnade aufzustellen. Und sie dienten ihnen ebenso dazu, sich ständig Geschichten zu erzählen, das Hauptvergnügen jeder Reise.

Einige dieser Geschichten erregten besonderes Interesse, wie diejenigen, die René Daumal inszenierte, der sich eines alten Schranks bediente, um über den Tod der Literatur zu sinnieren. Sein Schauspiel endete mit diesen weisen Worten aus dem Mund einer Puppe, die das Phantasma der Oper darstellen sollte: »Und wenn man es genau betrachtet, wird die Literatur leben, solange jemand, der sich vornimmt, einen einfachen Brief zu schreiben, einige Augenblicke zweifelt über die Art und Weise, das glaubhaft zu machen, was er in ihm sagen will. Und im schlimmsten Fall, sogar in der Annahme, daß die Leute das Briefeschreiben lassen, wird die Literatur nicht sterben, solange die Dichter außer dem Schreiben auch das Lesen beherrschen. Das heißt, meine Damen und Herren: Die Dichter werden nicht sterben, gerade weil sie sterben.«

Der Tod, die Sprache des Todes, die Sprache und der Tod der Sprache waren die zugkräftigsten Themen in den Schauspielen von Malabar. Und als ihnen die Nachricht vom Verschwinden Jacques Rigauts zu Ohren kam, wurde die Inszenierung seines Todes durch Georgia O'Keeffe zu einem Lieblingsstück des tragbaren Publikums.

Es war eine auf grausame und unbarmherzige Weise erzählte Darstellung, denn auf der Bühne erschien ein Jacques Rigaut, der vor sich hin phantasierte und sich schließlich grotesk auf einer Matratze dahinschleppte, die einem Kanu ähnelte, und dem Tod entgegenpaddelte. Etwas peinlich und ungerecht, was Gegenreaktionen hervorrief, unter denen insbesondere diejenige von Federico García Lorca hervorstach, der – ohne Rigaut persönlich zu kennen – beschloß, dessen Verteidigung zu übernehmen, und eine der schönsten Marionettenaufführungen inszenierte, die man im *Bahnhof Zoo* je gesehen hatte.

García Lorca verlegte die Handlung von Palermo nach Granada, genauer gesagt ins Alhambra Hotel, wo ein blasser andalusischer Rigaut strahlend seinen Tod lebte, während er das tragische Steppen flamencotanzender Pillen betrachtete, deren glänzendes Blau alle Zuschauer blendete. Nach dem blendenden und barbituratischen Totentanz trat ein elektrischer, von Lorca selbst erfundener Apparat auf, dessen Aufgabe darin bestand, sofort nach seinem Einschalten eine haarsträubende, intensive Eiseskälte auszustrahlen. Genau in diesem Augenblick und während die Zuschauer nur daran dachten, sich in Mäntel einzuwickeln, fiel der Vorhang, auf dem Lorca eine endlose Straße gelben Sandes gemalt hatte.

Im Vordergrund, am Beginn der Straße, konnte man eine sudanesische Marionette erkennen, eine schwarze Bettlerin mit zerzaustem grauem Haar, die *Nessun dorma* sang, während sie die Weissagekunst ausübte und der Verschwörung der Shandys eine schwarze Zukunft vorhersagte.

Eine andere überaus interessante Marionettenaufführung ging auf das Konto von Stephan Zenith, der die Marionetten zu Verwandlungskünstlern machte und sie in bemerkenswerter Kürze und Genialität die außergewöhnlichsten Begebenheiten der ausgewähltesten Shandy-Biographien darstellen ließ. Für jede Begebenheit eine andere Verkleidung. Alles in großer Schnelligkeit, eines Fregoli würdig. Sechs oder sieben Szenen für jede Biographie, denn das Leben – es tut mir leid – gibt nicht mehr her.

Nach diesen schnellen Verwandlungen kam man zur Schlußszene, die für alle Aufführungen die gleiche war: Es erschien ein Skelett mit einer Sense, das offenbar schnurstracks auf sein Opfer zusteuerte, allerdings wußte man im Grunde, daß es auf der Suche nach ihm war; und wenn es mit ihm zusammenstieß, mähte es das verkürzte Leben des Tragbaren nieder.

Niemals fehlte bei dieser Szene der traurige und niedergeschlagene Beifall der Zuschauer. Und wenn sich dort an Bord von *Bahnhof Zoo* allmählich etwas abzeichnete, dann dies: Die Verschwörung konnte jeden Augenblick in ihre Agonie treten, denn der Tod schien seine Kreise schon enger zu ziehen.

Der arme und hilflose Tod. »Er trat in das Unterseeboot ein«, kommentiert Klee, »aber er verließ es erschreckt. Und er ging dazu über, Festland anzusteuern und der Spur schauderhafter bretonischer Felsen zu folgen.«

Wir sind am Ende des Logbuches von Klee angelangt,

wo dieser, da er nicht sehr deutlich werden wollte, was die Gründe für das Ende der unbeweglichen Reise anbelangte, auf eine poetische Bilderwelt zurückgreift, um uns mitzuteilen, daß es den Shandys gelang, den Tod zu erschrecken, obwohl er sie besuchte, und so den Beginn der Agonie der heroischen Verschwörung hinauszuzögern.

Ich habe immer gerne Wort für Wort geglaubt, was uns Paul Klee am Ende seines Logbuches erzählt. Ich habe immer gerne geglaubt, daß der Tod tatsächlich im Morgengrauen kam, mit seinem Skelett und seiner Sense, neugierig darauf, was dort im Unterseeboot vor sich ging. Drei Überraschungen erwarteten ihn. Die erste war die Entdeckung, daß dort im *Bahnhof Zoo* alles an jene herrliche Beschreibung der Zerstörung von Alba Longa bei Livius erinnerte, wie die Einwohner dieser Stadt durch die Straßen streiften, um von den Steinen Abschied zu nehmen. Die zweite Überraschung war die Wahrnehmung, daß es am Meeresgrund regnete und »eine Träne fiel, die sparsam und wie ein Phantasma ihrer selbst zerfloß und vorgab, mit einer vagen Geste des Vergessens in einem normalen Meer zu verlöschen, wo der Regen langsam und schräg war, und das, was sie weinte, war Prosa...«

Die dritte Überraschung war allerdings so groß, daß sie den armen und hilflosen Tod in die Flucht schlug. Er kam auf die Idee, in den Salon Malabar einzutreten, und entdeckte dort seine Marionette. Bevor er erschrocken die Flucht ergriff, sah man noch, wie er Platz nahm, Opium rauchte, literweise Wasser schwitzte und ungeduldig wie alle Zuschauer auf das Ende der Schlußszene wartete, um zu erfahren, ob danach noch etwas käme.

Die Kunst der Unverschämtheit

Mir sind die Gründe unbekannt, aus denen die Shandys den *Bahnhof Zoo* verließen, aber höchstwahrscheinlich trieb sie Ermüdung von neuem an die Erdoberfläche. Müdigkeit und auch eine gewisse Beklemmung, wie sich einem Dokument entnehmen läßt, das in Paris in einem Schrankkoffer mit doppeltem Boden gefunden wurde, der sich seinerseits auf dem Dachboden des Hauses befand, das Crowley gehörte; und dieser Koffer wurde von dem nachfolgenden Hausbesitzer Edward Clark gefunden, dem Magnaten der Singer-Nähmaschinen und einem leidenschaftlichen Erforscher der Geschichte der tragbaren Verschwörung, der wenige Tage nach dem Auffinden des Dokuments und nach der Niederschrift eines kurzen Textes mit dem Titel *Ein Shandy zeichnet die Landkarte seines Lebens*, zu dem ihn offenbar Bilder inspirierten, die ihm ein Traum eingegeben hatte, der um die Jahre kreiste, in denen Walter Benjamin mit dem Gedanken spielte, eine Landkarte seines Lebens anzufertigen, unter seltsamen Umständen verstarb.

Diese Landkarte dachte sich Benjamin grau und tragbar, und er brachte es fertig, ein System farbiger Signale zu entwerfen, die deutlich die Häuser seiner Shandy-Freunde markierten, die Cafés und Buchhandlungen, in denen sie sich trafen, die Stundenhotels, das Unterwasserlicht der europäischen Bibliotheken, die Wege zu verschiedenen Schulen und die Gräber, von denen sie sahen, wie sie sich füllten.

»Sich in einer Stadt zu verirren« – schrieb Walter Benjamin – »wie man sich in einem Wald verliert, braucht Schulung... Diese Kunst habe ich spät erlernt; sie hat den Traum erfüllt, dessen erste Spuren die Labyrinthe auf den Löschblättern meiner Hefte waren. Nein, nicht die ersten, denn vor ihnen gab es eine, welche sie überdauert hat: den Weg in dieses Labyrinth.«

Mir scheint, daß der Weg aller verschwörerischen Shandys in dieses Labyrinth das Hauptthema des Textes von Edward Clark darstellt, dessen ideale Ergänzung jenes Dokument wäre, das Clark im doppelbödigen Schrankkoffer auf dem Dachboden des Hauses fand, das einst Crowley gehört hatte. Dieses Dokument war der Text eines Vortrags, der sich um die Beklemmung des tragbaren Schriftstellers drehte, und wurde ursprünglich von Bruno Schulz in der Absicht verfaßt, ihn im *Bahnhof Zoo* vorzutragen. Aber allem Anschein nach blieb er in den Händen von Crowley, der ihn leicht überarbeitete; nachdem es ihm gelungen war, für die Dichterin Elsa Tirana (Pseudonym der Satanistin Cléo de Mérode, Geliebte des Königs Leopold von Belgien) gehalten zu werden, trug er ihn selbst als perfekter Transvestit im *Ateneo* von Sevilla im Rahmen der Hommage an Góngora vor, die in Spanien die Dichter-Generation von 1927 begründete.

Der Vortrag drehte sich um die Beklemmung – das war, wie ich schon sagte, der Originaltext von Schulz –, aber Crowley schob Sätze ein, die der Welt die Existenz der Geheimgesellschaft der Shandys enthüllten. Ein Verrat nach allen Regeln der Kunst. Dazu untermauerte Crowley seinen Vortrag noch mit der Präsentation einer plumpen Imitation der von Benjamin erträumten Landkarte. Im Publikum konnte man viele Shandys erkennen, die – inmitten einer großen Abordnung Madrider Professoren – beglückt der Enthüllung ihres Geheimnisses lauschten, obgleich dies der endgültigen Zerstörung des Tragbaren gleichkam. Alle Shandys befanden sich in Begleitung eines Thermometers und eines Schwarzen oder einer Schwarzen aus Port Actif.

Niemand darf sich darüber wundern, daß sich die Shandys überglücklich zeigten, denn, wie ich schon zuvor sagte, begriffen sie rechtzeitig, daß diese Verschwörung, wenn sie besser funktionieren sollte, zuvor von der Landkarte verschwinden müsse, das heißt, daß sie vor den Augen der Welt als die spektakuläre Überhöhung dessen erscheinen müsse, was mit der arroganten Schnelligkeit eines Blitzes der Unverschämtheit entsteht und verschwindet. Und man muß berücksichtigen, daß sich Unverschämtheit immer in Beziehung zu den Außenstehenden manifestiert, und zwar durch eine Bewegung, die den anderen intensiv berücksichtigt; sie ist der Ausdruck eines rebellischen, skandalösen, unvergänglichen Ich, das sich durchsetzt, indem es sich zur Schau stellt.

Das Begreifen all dessen führte sie zu einem Solidaritätspakt, der eine Reihe von grundlegenden Kompromissen vorsah, wie beispielsweise den, die Existenz der Verschwörung nicht auf sichtbare Weise zu verlängern und sich definitiv als Meister in der Kunst des Verkürzens zu erweisen. Deswegen kam es zu dem Schulterschluß mit dem Verräter Aleister Crowley, dem sie erlaubten, sie vor aller Welt zu demaskieren. Ja, sie drängten ihn buchstäblich dazu.

Im folgenden gebe ich interessante Auszüge aus der Rede wieder, die die falsche Tirana in Sevilla vortrug: »Ich bin hierhergekommen, um euch zu sagen, daß ihr mir überhaupt nicht gefallt, vor allem weil ihr 27 seid, was unzulässig ist, schon weil diese Zahl ausschließlich uns gehört... wie ihr sehen könnt, haftet dem Fall des Shandy-Schriftstellers etwas Übertriebenes und Unzulässiges an. Es ist komisch und elend, daß die Angst, um sich zu manifestieren, die Aktivität eines Tragbaren benötigt, der am Tisch sitzt und Buchstaben auf ein Papier kritzelt. Es könnte schockierend erscheinen, aber genauso braucht die Einsamkeit eines Verrückten notwendigerweise die Gegenwart eines vernünftigen Zeugen... die Angst bringt mich dazu, daß ich überhaupt nichts mehr zu sagen habe, und sie würde mich nicht weniger belauern, wenn ich diesem Vortrag ein angemessenes Ende zu geben versuchte... dieses Ende hätte darin bestehen können, mich euch vorzustellen und einige Worte auszusprechen in der Absicht, für Augenblicke meine Angst zu vergessen. Offensichtlich ist mir das nicht gelungen. Dieses Ende hätte sein können, mich wie ein Verräter zu benehmen und die Anwesenheit zahlreicher Shandy-Verschwörer im verehrten Publikum aufzudecken. Offensichtlich habe ich das erreicht... und die Wahrheit ist, daß ich glücklich bin, weil das Tragbare nicht mehr auferstehen wird. An diesem Punkt angelangt, trete ich mit meinem portugiesischen Hut und meiner intimen Hydra ab. Ich glaube, diese Worte so gezeichnet zu haben, wie der Tag seine Bilder zeichnet und über sie hinwegweht und nicht wiederkehrt.«

Am Ende des Vortrags gab es großen Beifall von den Madrider Professoren, denn sie glaubten, da Elsa Tirana eine begabte Schülerin Marinettis war, es handle sich um einen avantgardistischen Vortrag. Aber der Beifall machte die Tragbaren nur wütend, die daraufhin beschlossen, lautstark Gerüchte aller Art über die Professoren auszustreuen: eine hemmungslose Abfolge von Klatschgeschichten, die Panik im *Ateneo* hervorriefen.

Emilio Prados, der jene Orgie von Klatsch und Verleumdungen bremsen wollte, näherte sich demjenigen, den er für den Anführer jener Gruppe von Unverschämten hielt, nämlich García Lorca, und warf ihm das niedrige literarische Niveau dieser Klatschgeschichten vor. Lorca schmetterte ihn mit seinem Blick nieder und – indem er sich auf die Schulter der schönen Schwarzen, die ihn begleitete, stützte – setzte er ihm auseinander, daß Marcel Proust beispielsweise Romane geschrieben habe, die nur Klatsch seien, und das gleiche gelte für Henry James.

Duchamp näherte sich mit einem Shandy-Erfrischungsgetränk und erklärte Prados, man erzähle nur Geschichten, damit sie jemand wiederhole, und man unterlasse es, sie zu erzählen, wenn diese Geschichten sich nicht erhalten, und wenn sie sich nicht erhalten, dann deswegen, weil man beim Zuhören zu spinnen und zu weben aufgehört habe.

Dann gesellte sich Luis Cernuda mit einem breiten Lächeln zu seinen Shandy-Kameraden und erläuterte: »Wissen Sie, der Klatsch partizipiert an dem transitorischen Charakter, als Glied in einer Kette, deren übrige Glieder ihn nur in etwa wiedergeben. Erzählung als pure Vergänglichkeit. So inszeniert der Klatsch auch die Unmöglichkeit einer identischen Wiederholung, die Unausweichlichkeit der unaufhörlichen Transformation.«

Nach diesen Worten fand man Prados sprachlos und um Hilfe bittend; mehrere Professoren kamen herbei und umringten García Lorca. Dies war der Augenblick, den jemand für eine Fotografie nutzte, die in die Geschichte einging und auf der man den Dichter aus Granada wie einen Festgenommenen zwischen Alberti und Chavás sieht.

Aber zu diesem Zeitpunkt sangen schon alle Schwarzen. Ein großer Skandal, ein Triumph der Unverschämtheit, die man als eine der Schönen Künste betrachten kann. Die Apotheose des Klatsches währte noch einige Minuten unter Gesängen und Feuerwerkskörpern, die aus allen Ecken abgeschossen wurden. Erst jetzt kam Dámaso Alonso der Gedanke, das Shandytum könnte buchstäblich wahr sein, und er näherte sich Rita Malú mit der Frage, ob auch sie Teil der tragbaren Verschwörung sei.

»Ausgeschlossen«, sagte ihm Rita Malú, »weil alle Shandys Engel sind, und ich bin keiner.« Dann interessierte er sich dafür zu erfahren, wo diese Engel lebten, und Rita Malú berichtet in ihrem Buch *Briefe aus Mogadischu*, sie habe ihm folgende richtungweisende Antwort gegeben: »Ihr Männer habt die Hoden voller Engel.«

Genau dieser Satz bringt uns auf die richtige und spermazoide Spur der potentiellen Energie, die die Essenz des Shandytums selbst war: eine Energie, die nicht einmal verschwand, als Crowley nach Verlassen des *Ateneo* das Fenster seiner Sevillaner Wohnung öffnete und mit einer schauspielerhaften Geste die Geheimgesellschaft auflöste. Eine Energie, die nicht verschwand, sondern vielmehr dank der Auflösung potentiell vorhanden blieb, und nicht umsonst ist die Erfahrung der Literatur so sehr Beweis der Auflösung wie Annäherung an das, was sich der Einheit entzieht; und deshalb darf es uns nicht verwundern, daß die Auflösung, in die die Geheimgesellschaft eintrat, und mit ihr die tragbare Literatur, auch den Augenblick anzeigt, in dem sie sich selbst nahekam und schließlich in der Tat tragbar wurde.

Ein Shandy zeichnet die Landkarte seines Lebens

Je voyage pour connaître ma géographie.

Anmerkung eines Verrückten, notiert von Manuel Réja in *L'art chez les fous*, Paris, 1907

Alle Shandys bilden das Gesicht eines imaginären Shandy, und man kann in den Zügen dieses tragbaren Porträts die Ereignisse lesen, die das tragische Gesicht seiner Biographie geformt haben: die Landkarte seines imaginären Lebens. In diesem Gesicht, das alle Shandy-Gesichter in sich birgt, gibt es schon von Jugend an Risse; Risse, die sich langsam weiten werden, bis sie die Leere bilden: diese einzigartige Maske, die der Abriß aller tragbaren Masken ist, die im ätherischen Licht einer Sevillanischen Wohnung entdeckt wurde und die Ihrer Majestät, der Zeit, huldigt, die dieses einzigartige und einsame Gesicht – das Gesicht des letzten Shandy – zerstörte.

Die Mehrzahl der Porträts zeigt den Shandy mit gesenktem Blick und der rechten Hand nahe am Gesicht. Das früheste, das ich kenne, zeigt den Shandy 1924, kurz nach der Nervenkrise, die ihn an dem Felsen überkam, auf dem Nietzsche die Eingebung der »Ewigen Wiederkehr« hatte. Sein Haar fällt dunkel gelockt über die hohe Stirn. Er sieht jugendlich, fast hübsch aus; der Blick, der nach unten gerichtet ist – der süße und verträumte Blick eines Kurzsichtigen –, scheint gegen den unteren linken Teil des Porträts hinzufließen.

Auf der Fotografie, die man von ihm während des Wiener Festes machte, ist das gelockte Haar kaum weniger geworden, aber sie zeigt nicht mehr das Gesicht der Jugend oder Schönheit; das Gesicht hat sich erweitert, und der obere Teil des Torso scheint nicht nur erhoben, sondern auch massiv, riesig. Die Hand, die mit dem Daumen nach innen zu einer Faust geformt ist, bedeckt seinen Mund, die fleischige Unterlippe. Der Blick ist düster oder einfach mehr nach innen gerichtet. Hinter seinem Kopf sieht man Bücher.

Auf einer auf dem Meeresgrund aufgenommenen Fotografie steht er gedankenversunken im *Bahnhof Zoo*, ein Greis mit weißem Hemd, einer Krawatte und einer Hose, über die eine Uhrenkette hängt, insgesamt eine verwahrloste Figur, die schaurig in die Kamera blickt.

Schließlich blättert er im hellen Licht eines Sevillanischen Zimmers in den letzten Seiten eines Bandes, den er mit seiner linken Hand auf dem Tisch offenhält, und es ist, als blicke er auf den linken unteren Rand der Fotografie; überraschenderweise sieht er viel jünger aus als drei Jahre vorher und macht den Eindruck, als habe er das Ziel erreicht, ein kompetenter Leser von Stadtplänen mit imaginären Straßen zu werden, durch die man sich glücklich treiben lassen kann; es ist, als ob sein Blick schon unstet über die letzten Seiten dieses Bandes streifte, wo er die Landkarte seines Lebens gefunden haben könnte: ein Labyrinth, in dem jede Beziehung mit der Shandy-Verschwörung wie der Eintritt in das Dikkicht der unsichtbaren Stadt der Tragbaren sein würde, ein Raum, wo das Sich-Verlieren praktische Erfahrung voraussetzen würde, denn die Kunst des Flanierens durch die Straßen der Imagination enthüllt die wahre Natur der Geschichte der modernen Stadt und führt uns zu den Pforten dieses einzigartigen Gebäudes, in dem der letzte Shandy wohnt.

Es handelt sich um jemanden, der sein Leben wie einen Raum, von dem sich eine Landkarte anfertigen läßt, in Angriff nimmt. Es ist jemand, der sich schon in Port Actif bei der Gründung der Geheimgesellschaft für einen Melancholiker hält, dem die Einsamkeit als der einzig angemessene menschliche Zustand erscheint: die Einsamkeit in der großen Metropole oder die Beschäftigung des müßigen Flaneurs, der frei ist, um mit offenen Augen zu träumen. Er hält sich für einen Melancholiker, weil er unter dem Zeichen des Saturn zur Welt kam, der der langsamste Revolutionsstern ist, der Planet der Abweichungen und Verzögerungen. Und unter diesem Zeichen verliert er sich als guter Flaneur im Labyrinth der Odradeks, wo langsam das Eis der Moldau bricht.

Da die Langsamkeit ein Zug des melancholischen Temperaments ist, verbringt er in Triest den ganzen Tag in den Liegestühlen, und diese Langsamkeit zeigt sich auch in der Art, wie er die Welt liest. Der Melancholiker ist genau deshalb, weil er vom Tode besessen ist, derjenige, der die Welt am besten lesen kann. Doch im Unterseeboot läßt ihn seine Todesvision begreifen, daß die Welt selbst sich nur den Nachforschungen des Melancholikers hingibt.

Schon in Sevilla denkt er, je lebloser die Dinge sind, desto mächtiger und genialer kann der Geist sein, der sie betrachtet: Sein melancholisches Talent, das der nahenden Katastrophe tatenlos zusieht, galvanisiert sich angesichts der Leidenschaft, die auserlesene Gegenstände zu erwecken vermögen. Er wird Sammler von Büchern und Passionen, denn er weiß, daß die Jagd nach Büchern wie die sexuelle Jagd die Geographie des Genusses bereichert, und darin findet er einen weiteren Grund für seine Weltenbummelei; außer Erstausgaben und Büchern mit barocken Emblemen sammelt er Miniaturen, nämlich Postkarten, Wimpel, Zinnsoldaten ... Die Liebe zur Miniatur unterstützt seine Liebe zum kurzen literarischen Ausdruck. Seine Bibliothek ist voll von kurzen Büchern, die Erinnerungen an Städte heraufbeschwören, in denen er sich zu erkennen lernte: Port Actif, Paris, Palermo, New York, Wien, Ajaccio, Prag, Triest, Sevilla...

Prag auf der Landkarte. In dieser Stadt lernt der Shandy, rund um sein Zimmer zu reisen, wenn er vor dem weißen Papier an seinem Schreibtisch sitzt und von seinem Odradek besucht wird; während er über seine Blätter gebeugt ist und mit dem Werk ringt, bemerkt der Shandy, daß sich auf seine Schulter ein niedrigeres und dunkleres Wesen gesetzt hat, ein Odradek, der seine Seele angreift, sie einengt und bedrückt, sie jung und auf seine Weise unreif macht. Anfangs umgeht der Shandy die Schändung, indem er vorgibt, von niemandem besucht worden zu sein, aber bald begreift er, daß die Schändung, die die halbdunkle Niedrigkeit an seiner Person begeht, die scharfsinnigste und kreativste ist; er gibt sich daraufhin seinem Odradek hin, weil er weiß, daß er sich mit ihm im Chaos verlieren wird, aus dem schließlich die tragbare Literatur geboren werden wird.

Palermo auf der Landkarte. In dieser Stadt ist das

Leben des Shandy ein Entwurf des Todes. Niemals wird er nach Palermo gehen, er wird jemanden an seiner Stelle hinschicken: einen selbstmörderischen Botschafter, der ein sizilianisches Hotel zu einem in der Erinnerung an seine Tage verbotenen Ort machen wird.

Paris dagegen wird das Unterwasserlicht der Tage seiner Lehrzeit als Tragbarer sein. Silberbrücken über der Seine, die die verschlungenen Wege einer Reise verknüpfen, die ihn über die Pariser Tage der Lehrzeit zu einem Sternengeleit führen werden und von dort wieder zurück auf die Erde und in das dunkle Nichts eines unverschämten Abschieds in Sevilla.

Sevilla, auf der Landkarte nicht verzeichnet. In dieser südlichen Ecke denkt der letzte Shandy, der mit seinen Ruinen, Miniaturen, provozierenden Visionen und der unversöhnlichen Finsternis ein saturnianischer Held ist, daß seine Intensität und die erschöpfende Aufmerksamkeit des Melancholikers der Länge, mit der er seine Ideen über die Literatur und das Leben deutlich machen kann, natürliche Grenzen setzen, und beschließt, das Buch zu beenden, das er gerade schreibt, damit es rechtzeitig aufhört, bevor es sich selbst zerstört. Es ist die Entscheidung von jemandem, der weiß, daß das wahre Gesicht der Geschichte schnell vergeht und daß man die Vergangenheit nur wie ein Bild zurückbehalten kann, das wie ein Blitz der Unverschämtheit genau in dem Augenblick, in dem wir ihn erblicken können, einen Glanz ausstrahlt, den man nie wieder sehen wird.

Nur weil die Vergangenheit tot ist, können wir sie lesen. Der letzte Shandy weiß, daß man die Geschichte nur verstehen kann, weil sie in physischen Objekten fetischisiert ist. Nur weil ein Buch eine Welt ist, kann man es betreten. Für den letzten Shandy, für den sein Buch ein anderer Raum zum Flanieren ist, ist der wahre Impuls, wenn man ihn anblickt, die Augen niederzuschlagen, in eine Ecke zu schauen, den Kopf in ein Notizbuch zu versenken oder besser, ihn hinter der tragbaren Wand seines Buches zu verbergen.

Basis-Bibliographie

MAN RAY, *Travels with Rita Malú* (Reisen mit Rita Malú), Reynal and Hitchcock, New York, 1947.

WERNER LITTBARSKI & VALERY LARBAUD, *Die Schüsse eines Junggesellen*, Keuschnig, Wien 1930.

TRISTAN TZARA, *Histoire portative de la littérature abregé* (Tragbare Geschichte der verkürzten Literatur), in: *Sept manifestes Dadá. L'espion des realistes et une histoire inédite* (Sieben Dada-Manifeste. Der Spion der Realisten und eine unveröffentlichte Geschichte), J.-J. Pauvert, Paris 1963.

JACQUES RIGAUT, *Agence générale du suicide* (Generalagentur des Selbstmords), Le Terrain Vague, Paris 1967.

ANT(H)ONY TYP(H)ON, *Eulogy of Discomposure* (Lob der Verwirrung), Klimts editions, Vorwort von Jorge Luis Borges und María Kodama, Anmerkungen und Epilog von Virginia Klimt, New Orleans, 1983.

ALEISTER CROWLEY, *Os bucarestis* (Die Bukarestis), Porto Editorial, Porto, 1948.

LAURENCE STERNE, *Tristram Shandy*, Airmont Publishing Inc., New York, 1967.

LOUIS-FERDINAND CELINE, *La vrai nom du complot portatif* (Der wahre Name der tragbaren Verschwörung), in Prag verschollenes Manuskript.

VICENTE HUIDOBRO, *El sabotaje de lo instituido.* Diario europeo (Die Sabotage des Institutionalisierten. Europäisches Tagebuch), Editorial Sudamericana, Buenos Aires, 1962.

PAUL KLEE, *Tagebücher*, Verlag M. DuMont Schauberg, Köln, 1957.

FRANCIS PICABIA, *Veuves et militaires* (Witwen und Soldaten), bisher unveröffentlicht, geplante Veröffentlichung im Verlag der Buchhandlung Corti (11 rue de Medicis, Paris).

BLAISE CENDRARS, *L'anthologie nègre*, Buchet-Castel, Paris, 1980.

MYRIAM CENDRARS, *Inédits sécrets*, Gallimard, Paris, 1969.

HERMANN KROMBERG, *Tagebücher*, herausgegeben von Aleister Crowley, Keuschnig, Wien, 1929.

GEORGIA O'KEEFFE, *Pictures*, Memoiren, herausgegeben durch die Universität Princeton (USA), 1951.

— MAURICE BLANCHOT, *Faux pas*, Gallimard 1943, Paris.
— SYLVIA BEACH, *Shakespeare and Company*, Harcourt Brave Jovanovich Inc., Universität von Nebraska.
— SKIP CANELL, *Pessimisms*, Indolence editions, New York, 1958.
— RITA MALÚ, *Cartas desde Mogadiscio* (Briefe aus Mogadischu), Editorial Espuela de la Plata, Havanna, 1969.
— WALTER DE LA MARE, *Biographical Memoirs of Extraordinary Shandys*, Penguin Books, Middlesex, England, 1955.

Ein Nachwort im Nachtrab: Zu dieser Ausgabe

Von Raoul Hausmann, dem Berliner Dadasophen, haben wir – datiert auf ›Berlin 1923‹, wo er vom Dadaisten zum Antidadaisten und Presentisten mutierte, und gleichzeitig datiert auf ›Limoges 1960‹, wo er über das Ende des Zweiten Weltkriegs hinaus im Exil lebte und starb – den Bericht einer ›Begegnung mit Franz Kafka‹, die so nie stattfand, dafür aber alle Plausibilität des Fiktiven, Möglichen oder Wahrscheinlichen hat: Danach treffen die beiden Autoren per Zufall in einer Berliner Vorortstraße zusammen, erkennen sich gegenseitig und vertiefen sich, während sie den gemeinsamen Weg in die Stadt nehmen, in ein Gespräch über den Dadaismus. In ihm erhält Hausmann Gelegenheit, seinen Rückblick auf diese radikale Kunst-Antikunst-Bewegung, die zum Ende des Ersten Weltkriegs an zahlreichen Orten entstand und in Zürich den Namen ›Dada‹ erhielt, wie folgt zu präzisieren: »Dada war für uns weder ein Bierulk noch so etwas wie die Philosophie von Scheeler oder der Phänomenologisten. Wir hatten erkannt, daß der Freudismus auf einem Irrtum beruht: Ödipus ist nicht der Ausgangspunkt einer Moral, die aus der Unterdrückung des Vatermordgedankens über das ›ES‹ zur Befreiung von Komplexen führen kann. Wir gingen von den Gedanken Otto Gross' aus, daß am Anfang der Leitlinie jedes Individuums der Konflikt des Eigenen und Fremden steht und daß das Individuum in unserer Gesellschaft sich stets gegen die von der Familie aufrechterhaltenen Minderwertigkeitserklärungen wehren muß.

Dada hat diese Erkenntnisse nur ins Allgemeine und Ironische, in die Selbstauflösung verlegt. Angewandt auf den Künstler, so haben wir ihn von der Fremdautorität befreit.« Kafkas unmittelbare Antwort darauf: »Das alles ist mir neu. Ich wußte nicht, daß die Dadaisten so sehr für die Psychoanalyse waren. Ich kenne diese Theorien natürlich auch, finde aber, daß sie sehr viel Abstoßendes enthalten. Auch habe ich nicht bemerkt, daß sie praktisch jemals zu einer Befreiung von Komplexen geführt hätten. Wie haben Sie sich diese Befreiung vorgestellt? Für mich sind die Mittel des Schriftstellers keineswegs so außerordentlich und diskursiv wie für einen Wissenschaftler, schon die ›parabolische Form‹, die ich oft anwende, steht dem Mythos nahe und weist auf eine Metaphysik. Es besteht eine komplementäre Übereinstimmung zwischen dem persönlichen Bemühen und einer Annäherung an die gesellschaftlichen Andränge, die durch nichts anderes überwunden werden können als die künstlerische Schöpfung. Dies entgeht mir im Dadaismus.« Da naht die Straßenbahn und läßt ihr Klingelsignal ertönen:

»›Es hat mich sehr gefreut, Ihre Bekanntschaft gemacht zu haben. Auf Wiedersehen, vielleicht ein andermal.‹

Wir lüften gegenseitig unsere Kopfbedeckungen.

›Auf Wiedersehen, Herr Kafka.‹

Sehe ihn leichtfüßig auf die Plattform steigen, höre das Abklingelsignal des Schaffners, Gepolter des Anfahrens – langsam entschwindet Kafka mit dem Wagen gegen die Kaiserallee. In eine ungewisse Dämmerung, in der es kein Wiedersehen gibt.«

Kafka weilte, wie wir wissen, 1923 tatsächlich in Berlin, die Begegnung hätte also in dieser oder ähnlicher Form wirklich so stattfinden können, wie sie hier festgehalten ist, doch sie ereignete sich – zum Zeitpunkt ihrer Aufzeichnung über 30 Jahre später – nur auf dem Papier des exilierten Ex-Dadaisten. Wie immer aus der Luft gegriffen, behauptet das kleine Prosastück jedoch eine eigentümliche Faszination, deren Herausforderung darin liegt, daß die historischen Sachverhalte nicht abgeschlossen erscheinen, sondern sich der weiterführenden und sie ergänzenden Imagination öffnen, mit deren Hilfe sie neuen Vorstellungs-Konstellationen Raum geben. Exakt von dieser Art ist Enrique Vila-Matas' ›Dada aus dem Koffer‹, im Untertitel: ›Die verkürzte Geschichte der tragbaren Literatur‹. Für einen spanischen Autor nicht verwunderlich, verbindet er den Begriff ›Dada‹ weniger mit Berlin als mit der Achse New York-Barcelona-Paris, die als zentrale Figur Francis Picabia in seinen Beziehungen einerseits zu Marcel Duchamp und andererseits zu Tristan Tzara verkörpert; selbst Zürich mit seinem durch Hugo Ball gegründeten ›Cabaret Voltaire‹ rückt dabei etwas an den Rand und taucht nur eben in den Anfangspassagen des Buches – aber auch hier als längst verstrichenes Ereignis, das fünf Jahre zurückliegt – auf. Die Assoziationen, die der Titel bzw. der Begriff der ›tragbaren Literatur‹ weckt, führen auf einen Einfall Duchamps zurück, der alle seine Werke en miniature in einem Schachtel-Museum versammelte, das er in einem Koffer plazierte und überallhin mit sich führen konnte. Diese Kunst-Idee überträgt Vila-Matas auf die Literatur, analog zu Duchamp geht es ihm in seiner literarhistorischen Rekonstruktion, die seltsam zwischen Essay und

Erzählung, Authentischem und Erfundenem irisiert, um Autoren, die sich durch das magische Band dieser Idee verbinden lassen, wobei natürlich an die Stelle des ›beweglichen Museums‹ der ›bewegliche Schreibtisch‹ tritt. Sie alle, die er unter diesem Etikett versammelt, schließt er – unter Rückbezug auf Laurence Sternes einschlägigen Roman – in einer fiktiven ›shandyistischen Gesellschaft‹ zusammen, deren bislang geheim gebliebene Geschichte er in seinem Buch aufzudecken versucht: 1924 im afrikanischen Port Actif gegründet, dauerte ihr Treiben die kurze Spanne nur dreier Jahre und spielte mit Paris, Wien, Triest und Prag an unterschiedlichen europäischen Hauptstadtorten, durch deren jeweiligen genius loci die Mitglieder dieser Geheimgesellschaft in spezifischer Weise gebannt wurden. So agierten sie in Wien vor dem Kontrasthintergrund des Karl Kraus, gerieten in Prag in den Imaginationskreis des Meyrinkschen Golem und Kafkaschen Odradek oder fanden in einem Unterseeboot zusammen, das sich als Metapher fürs ›Hotel Abgrund‹ den Namen des Berliner Symbolorts ›Bahnhof Zoo‹ lieh.

Mit Marcel Duchamp, Francis Picabia, Man Ray, Tristan Tzara, Blaise Cendrars, Valéry Larbaud, Vincente Huidobro, Jacques Rigaut, Louis-Ferdinand Céline, Raymond Roussel, Paul Klee etc. etc. etc. als Mitgliedern seiner ›shandyistischen Geheimgesellschaft‹ bezieht sich der Verfasser auf reale Erscheinungen der jüngeren Kunst- und Literatur-Avantgarde und ihre Werke, die er in einer separaten ›Basis-Bibliographie‹ am Schluß seines Buches detailliert ausweist, darunter als Vexierbild-Titel Tzaras ›Tragbare Geschichte der verkürzten Literatur‹.

Insofern ist seine Konstruktion durch tatsächliche Lektüre inspiriert, die sich an unterschiedlichen Belegstellen festhakt und diese untereinander verbindet: zum einen ganz materiell in dem Sinne, daß er auf tatsächliche Beziehungen zwischen diesen Autoren zu sprechen kommt, die sich nachprüfen lassen, zum anderen aber in durchaus freier, ja willkürlicher Assoziation, eben in der Form einer fortgesponnenen Fiktion, die das Mögliche apostrophiert und aus ihm heraus eine eigenartige Dynamik erzeugt. Walter Benjamins Hang zum Miniaturisieren etwa, wie er sich in seinen Sammelleidenschaften und seiner ins Winzige gehenden Handschrift dokumentiert, schließt sich auf diese Weise unmittelbar an die Duchamp-Idee, das ›Tragbare in der Kunst‹ zur Geltung zu bringen, an und erweist sich so als ein integraler Bestandteil jener ›portativen Literatur‹, zu deren Kennzeichen neben »innovativem Geist«, »unermüdlichem Nomadismus«, »Kultivierung der Kunst der Unverschämtheit« und »einer stolzen Spontaneität« die Liebe zur Schrift gehört, »wenn diese zur unterhaltsamsten und auch zur radikalsten Erfahrung wird«, wie es im vorangestellten ›Prolog‹ heißt.

Die Dadaisten selbst wußten um die Problematik ihres Protestes in der Kunst und gegen die Kunst. Sie waren ja gegen das allzu rasche Verkrusten gerade der jüngsten Moderne angetreten, die in ihren Augen zur Pose erstarrte, kaum daß sie sich in Szene gesetzt hatte. Wollten sie sich das Bewußtsein der Spontaneität erhalten, das sich ihnen mit dem Dada-Aufbruch verband, mußten sie sich als Dadaisten, die sie bleiben wollten, zwangsläufig von Dada abkehren oder gegen Dada wenden. Anders gesagt: Wer Dada in seiner Motorik brisant und aktuell halten wollte, mußte dies auf versetzter Ebene und unter anderem Namen tun, mehr aus dem ›Geist‹ als aus dem ›Namen‹ Dadas heraus; eben deshalb propagierte Hausmann mit dem Begriff ›Dada‹ bereits den des ›Anti-Dada‹ und ernannte sich zum ›Presentisten‹. Vila-Matas weiß um diese Problematik: Seine Konstruktion einer aus der Dada-Bewegung geschöpften ›tragbaren Literatur‹ erlaubt es, den Rekurs auf Dada selbst noch einmal lebendig werden zu lassen und zu zeigen, daß der Prozeß der Neufindungen von Kunst, zu denen Dada über seine entschiedene ›Anti‹-Haltung kam, mit Dada nicht abgeschlossen war. Die ›tragbare Literatur‹, der hier nachgegangen wird, ist deshalb nicht nur Reflex auf Dada, sondern gleichzeitig Fortführung der Literaturgeschichte über Dada hinaus – mit den dadaistischen Mitteln des Bluffs, des Paradoxen und einer spezifischen Ironie, die allzu verfestigte Konstellationen auflöst und überraschend-neue Verbindungen stiftet.

Gegen den Schluß des Buches wird der Autor selbst mehr und mehr in seine Recherche involviert und tritt als »letzter Shandy« in Erscheinung. Aus einzelnen Notizen und Fußnoten geht hervor, daß er die Orte seiner ›Geheimgesellschaft‹ besucht und inspiziert hat; nun deutet er an, daß ihm diese Nachforschungen zur Obsession werden, deren Opfer er zu werden droht, analog zu Aleister Crowley, der 1927 der ›kosmopolitischen Verschwörung‹ dieses Bundes ein Ende setzte. »Für mich gab es keinen Weg«, heißt es im Triest-Kapitel, »die Shandys zu vergessen, vielleicht weil meine Obsession auch tragbar war, vielleicht weil das Tragbare, nachdem ich die shandyistischen Gewässer so viele Tage und Nächte durchpflügt hatte, wie ein Ozean war, der endlos erschien (...).« Auf den letzten Seiten des vorliegenden Textes überhaupt imaginiert sich der Erzähler im spanischen Sevilla – zwischen »Ruinen, Miniaturen, provozierenden Visionen« – als »ein saturnianischer Held«, der beschließt, »das Buch abzuschließen, das er gerade schreibt, damit es rechtzeitig aufhört, bevor es sich selbst zerstört«. Dabei reflektiert er den Blick zurück nun auf seine eigene Unternehmung und bannt ihn in ein faszinierendes Bild: »Es ist die Entscheidung von jemandem, der weiß, daß das wahre Gesicht der Geschichte schnell vergeht und daß man die Vergangenheit nur wie ein Bild zurückbehalten kann, das wie ein Blitz der Unverschämtheit genau in dem Augenblick, in dem wir ihn erblicken können, einen Glanz ausstrahlt, den man nie mehr sehen wird.« Das allerletzte Wort ist das allerdings noch nicht; im direkten Gegenschnitt heißt es: nur weil die Geschichte tot und in physischen Objekten fetischisiert sei, könnten wir sie lesen, nur weil sein Buch »eine Welt« sei, könne man eintreten in sie und sich in ihr bewegen wie in »einem anderen Raum zum Flanieren«; und – es sei aber auch eine »tragbare Wand«, hinter der man sich verbergen und verstecken könne.

Karl Riha

Inhalt

265/1/8.90

suhrkamp taschenbücher
Eine Auswahl

Bernhard: Stücke 4. st 1554
– Ungenach. st 1543
– Der Untergeher. st 1497
– Verstörung. st 1480
– Watten. st 1498
Bioy Casares: Morels Erfindung. PhB 106. st 939
– Der Traum der Helden. st 1185
Blackwood: Die gefiederte Seele. PhB 229. st 1620
– Der Tanz in den Tod. PhB 83. st 848
Blatter: Kein schöner Land. st 1250
– Die Schneefalle. st 1170
– Wassermann. st 1597
Bohrer: Ein bißchen Lust am Untergang. st 745
Brasch: Der schöne 27. September. st 903
Braun, V.: Gedichte. st 499
– Hinze-Kunze-Roman. st 1538
Bertolt Brechts Dreigroschenbuch. st 87
Brecht: Gedichte. st 251
– Gedichte für Städtebewohner. st 640
– Gedichte über d. Liebe. st 1001
– Geschichten vom Herrn Keuner. st 16
Brecht-Liederbuch. st 1216
Brentano, B.: Berliner Novellen. st 568
Broch: Die Verzauberung. st 350
– Die Schuldlosen. st 209
– Massenwahntheorie. st 502
Brod: Der Prager Kreis. st 547
Buch: Die Hochzeit von Port-au-Prince. st 1260
– Karibische Kaltluft. st 1140
Cabrera Infante: Drei traurige Tiger. st 1714
Cain: Serenade in Mexiko. st 1164
Campbell: Der Heros in tausend Gestalten. st 424
Carossa: Der Arzt Gion. st 821
– Ungleiche Welten. st 521
Carpentier: Explosion in der Kathedrale. st 370
– Die Harfe und der Schatten. st 1024
Carroll: Schlaf in den Flammen. PhB 252. st 1742
Celan: Gesammelte Werke in fünf Bänden. st 1331/1332
Christo: Der Reichstag. st 960
Cioran: Syllogismen der Bitterkeit. st 607
Clarín: Die Präsidentin. st 1390
Cortázar: Alle lieben Glenda. st 1576
– Bestiarium. st 543
– Rayuela. st 1462
Dorst: Merlin oder Das wüste Land. st 1076
Duerr: Sedna oder die Liebe zum Leben. st 1710
Duras: Heiße Küste. st 1581
– Hiroshima mon amour. st 112
– Der Lastwagen. st 1349
– Der Liebhaber. st 1629
– Ein ruhiges Leben. st 1210
Eich: Fünfzehn Hörspiele. st 120
Eliade: Bei den Zigeunerinnen. st 615
– Kosmos und Geschichte. st 1273
– Yoga. st 1127
Eliot: Werke. 4 Bde.

265/2/8.90

suhrkamp taschenbücher
Eine Auswahl

Enzensberger: Ach Europa! st 1690
– Gedichte. st 1360
– Der kurze Sommer der Anarchie. st 395
– Politische Brosamen. st 1132
Fanon: Schwarze Haut, weiße Masken. st 1186
Federspiel: Böses. st 1729
– Die Liebe ist eine Himmelsmacht. st 1529
– Massaker im Mond. st 1286
– Paratuga kehrt zurück. st 843
Feldenkrais: Bewußtheit durch Bewegung. st 429
– Die Entdeckung des Selbstverständlichen. st 1440
Fleißer: Abenteuer aus dem Englischen Garten. st 925
– Ein Pfund Orangen. st 991
– Eine Zierde für den Verein. st 294
Franke: Der Atem der Sonne. PhB 174. st 1265
– Endzeit. PhB 150. st 1153
– Keine Spur von Leben. PhB 62. st 741
– Tod eines Unsterblichen. PhB 69. st 772
– Zone Null. PhB 35. st 585
Freund: Drei Tage mit James Joyce. st 929
Frisch: Gesammelte Werke in zeitlicher Folge. 7 Bde. st 1401-1407
– Andorra. st 277
– Herr Biedermann und die Brandstifter. Rip van Winkle. st 599
– Homo faber. st 354
– Mein Name sei Gantenbein. st 286
– Der Mensch erscheint im Holozän. st 734
– Montauk. st 700
– Stiller. st 105
Fromm, Erich / Daisetz Teitaro Suzuki / Richard de Martino: Zen-Buddhismus und Psychoanalyse. st 37
Fühmann: 22 Tage oder Die Hälfte des Lebens. st 463
– Bagatelle, rundum positiv. st 426
Fuentes: Nichts als das Leben. st 343
Gabeira: Die Guerilleros sind müde. st 737
Gandhi: Mein Leben. st 953
García Lorca: Dichtung vom Cante Jondo. st 1007
– Das Publikum. Komödie ohne Titel. st 1207
Gauland: Gemeine und Lords. st 1650
Genzmer: Manhattan Bridge. st 1396
Ginzburg: Caro Michele. st 853
– Mein Familien-Lexikon. st 912
Goetz: Irre. st 1224
Goytisolo: Johann ohne Land. st 1541
– Rückforderung des Conde don Julián. st 1278
Gulyga: Immanuel Kant. st 1093
Handke: Die Abwesenheit. st 1713
– Die Angst des Tormanns beim Elfmeter. st 27
– Der Chinese des Schmerzes. st 1339

265/3/8.90

265/4/8.90

265/5/8.90

265/6/8.90

suhrkamp taschenbücher
Eine Auswahl

Morshäuser: Blende. st 1585
– Nervöse Leser. st 1715
Moser: Gottesvergiftung. st 533
– Grammatik der Gefühle. st 897
– Kompaß der Seele. st 1340
– Lehrjahre auf der Couch. st 352
– Stufen der Nähe. st 978
Muschg: Albissers Grund. st 334
– Baiyun oder die Freundschaftsgesellschaft. st 902
– Entfernte Bekannte. st 510
– Fremdkörper. st 964
– Gegenzauber. st 665
– Im Sommer des Hasen. st 263
– Das Licht und der Schlüssel. st 1560
Museum der modernen Poesie. st 476
Neruda: Liebesbriefe an Albertina Rosa. st 829
Nizon: Canto. st 319
Nossack: Aus den Akten der Kanzlei Seiner Exzellenz ... st 1468
– Begegnung im Vorraum. st 1177
– Bereitschaftsdienst. st 1460
Onetti: Das kurze Leben. st 661
– So traurig wie sie. st 1601
Oz: Im Lande Israel. st 1066
– Mein Michael. st 1589
– Der perfekte Frieden. st 1747
Paz: Essays. 2 Bde. st 1036
Pedretti: Harmloses, bitte. st 558
– Die Zertrümmerung von dem Kind Karl. st 1156
Ernst Penzoldts schönste Erzählungen. st 216
Percy: Der Idiot des Südens. st 1531
– Lancelot. st 1391
Phantastische Begegnungen. PhB 250. st 1741
Platschek: Über die Dummheit in der Malerei. st 1139
Plenzdorf: Gutenachtgeschichte. st 958
– Legende vom Glück ohne Ende. st 722
– Die neuen Leiden des jungen W. st 300
Poniatowska: Stark ist das Schweigen. st 1438
Proust: Auf der Suche nach der verlorenen Zeit. 10 Bde.
– Briefe zum Leben. st 464
Puig: Der Kuß der Spinnenfrau. st 869
– Der schönste Tango der Welt. st 474
– Verraten von Rita Hayworth. st 344
Ribeiro: Maíra. st 809
Rochefort: Frühling für Anfänger. st 532
– Eine Rose für Morrison. st 575
– Die Welt ist wie zwei Pferde. st 1244
– Zum Glück gehts dem Sommer entgegen. st 523
Rodoreda: Auf der Plaça del Diamant. st 977
– Der zerbrochene Spiegel. st 1494
Rolfs: Rost im Chrom. st 1648
Russell: Eroberung des Glücks. st 389

265/7/8.90

suhrkamp taschenbücher
Eine Auswahl

Sanzara: Die glückliche Hand. st 1184
– Das verlorene Kind. st 910
Schimmang: Das Ende der Berührbarkeit. st 739
– Der schöne Vogel Phönix. st 527
Schivelbusch: Intellektuellendämmerung. st 1121
Schneider, R.: Philipp der Zweite. st 1412
– Dem lebendigen Geist. st 1419
Semprun: Die große Reise. st 744
– Was für ein schöner Sonntag. st 972
– Yves Montand: Das Leben geht weiter. st 1279
– Der zweite Tod des Ramón Mercader. st 564
Shaw: Der Aufstand gegen die Ehe. st 328
– Mensch und Übermensch. st 987
Sloterdijk: Der Zauberbaum. st 1445
Soriano: Das Autogramm. st 1252
Steiner, J.: Auf dem Berge Sinai sitzt der Schneider Kikrikri. st 1572
– Ein Messer für den ehrlichen Finder. st 583
– Das Netz zerreißen. st 1162
Sternberger: Drei Wurzeln der Politik. st 1032
– Herrschaft und Vereinbarung. st 1289
– Die Politik und der Friede. st 1237
Stierlin: Delegation und Familie. st 831
– Eltern und Kinder. st 618
– Das Tun des Einen ist das Tun des Anderen. st 313
Struck: Lieben. st 567
– Die Mutter. st 489
Strugatzki / Strugatzki: Der ferne Regenbogen. PhB 111. st 956
– Die häßlichen Schwäne. PhB 177. st 1275
– Eine Milliarde Jahre vor dem Weltuntergang. PhB 186. st 1338
Tendrjakow: Die Abrechnung. st 965
– Frühlingsspiel. st 1364
Unseld: Der Autor und sein Verleger. st 1204
– Begegnungen mit Hermann Hesse. st 218
– Peter Suhrkamp. st 260
Vargas Llosa: Gespräch in der Kathedrale. st 1015
– Der Hauptmann und sein Frauenbataillon. st 959
– Der Krieg am Ende der Welt. st 1343
– Tante Julia und der Kunstschreiber. st 1520
Wachenfeld: Camparirot. st 1608
Walser, M.: Die Anselm Kristlein Trilogie. st 684
– Brandung. st 1374
– Dorle und Wolf. st 1700
– Ehen in Philippsburg. st 1209
– Ein fliehendes Pferd. st 600
– Halbzeit. st 94
– Jenseits der Liebe. st 525
– Liebeserklärungen. st 1259

265/8/8.90

suhrkamp taschenbücher
Eine Auswahl

Walser, M.: Die Ohrfeige. st 1457
– Das Schwanenhaus. st 800
– Seelenarbeit. st 901
Walser, R.: Der Räuber. st 1112
– Der Spaziergang. st 1105
– Fritz Kochers Aufsätze. st 1101
– Geschwister Tanner. st 1109
– Jakob von Gunten. st 1111
– Seeland. st 1107
– Wenn Schwache sich für stark halten. st 1117
Watts: Der Lauf des Wassers. st 878
– Vom Geist des Zen. st 1288
Weber-Kellermann: Die deutsche Familie. st 185
Weiß, E.: Franziska. st 785
– Der Aristokrat. st 792
– Georg Letham. st 793
– Der Augenzeuge. st 797
Weiss, P.: Das Duell. st 41
– In Gegensätzen denken. st 1582
Wilhelm: Die Wandlung. st 1146
Wilson: Brüchiges Eis. st 1336
Winkler: Das wilde Kärnten. 3 Bde. st 1042-1044
Zeemann: Einübung in Katastrophen. st 565
– Das heimliche Fest. st 1285
Zweig: Brasilien. st 984

265/9/8.90

Italienische und spanische Literatur in der edition suhrkamp und in den suhrkamp taschenbüchern

Rafael Alberti: Der Verlorene Hain. Erinnerungen. Aus dem Spanischen von Joachim A. Frank. st 1171

Juan Benet: Du wirst es zu nichts bringen. Erzählungen. Aus dem Spanischen von Gerhard Poppenberg. es 1611

Dino Buzzati: Die Maschine des Aldo Christofari und andere phantastische Erzählungen. Herausgegeben von Kalju Kirde. PhB 157. st 1175

Roberto Calasso: Die geheime Geschichte des Senatspräsidenten Dr. Daniel Paul Schreber. Aus dem Italienischen von Reimar Klein. es 1024

Giorgio Celli: Der letzte Alchemist. Betrachtungen über Komik und Wissenschaft. Mit einem Vorwort von Umberto Eco. Aus dem Italienischen von Sigrid Vagt. st 1622

Leopoldo Alas Clarín: Die Präsidentin. Roman. Aus dem Spanischen von Egon Hartmann. Mit einem Nachwort von F. R. Fries. st 1390

Vincenzo Consolo: Das Lächeln des unbekannten Matrosen. Aus dem Italienischen von Arianna Giachi. st 1708

Cristina Fernández Cubas: Das geschenkte Jahr. Roman. Aus dem Spanischen von Eva Schikorski. es 1549

Alejandro Gándara: Die Mittelstrecke. Roman. Aus dem Spanischen von Eva Schikorski. es 1597

Federico García Lorca: Dichtung vom Cante Jondo. Dichtung vom tiefinnern Sang. Deutsch von Enrique Beck. st 1007

– Das Publikum. Komödie ohne Titel. Zwei Stücke aus dem Nachlaß. Deutsch von Rudolf Wittkopf. st 1207

– Über Dichtung und Theater. Deutsch von Enrique Beck. st 196

Adelaida García Morales: Das Schweigen der Sirenen. Roman. Aus dem Spanischen von Anne Sorg-Schumacher. es 1647

– Der Süden. Bene. Aus dem Spanischen von Anne Sorg-Schumacher und Imme Bergmaier. es 1460

Ian Gibson: Lorcas Tod. Deutsch von Fritz Vogelgsang. st 197

Natalia Ginzburg: Caro Michele. Der Roman einer Familie. Aus dem Italienischen von Arianna Giachi. st 853

– Ein Mann und eine Frau. Aus dem Italienischen von Arianna Giachi. st 816

– Mein Familien-Lexikon. Deutsch von Alice Vollenweider. st 912

Juan Goytisolo: Dissidenten. Aus dem Spanischen von Joachim A. Frank. es 1224

– Identitätszeichen. Roman. Aus dem Spanischen von Joachim A. Frank. st 1133

114/1/10.90

Italienische und spanische Literatur in der edition suhrkamp und in den suhrkamp taschenbüchern

Juan Goytisolo: Johann ohne Land. Roman. Aus dem Spanischen von Joachim A. Frank. Nachwort von Karsten Garscha. st 1541

– Rückforderung des Conde don Julián. Roman. Mit einem Nachwort von Carlos Fuentes. Aus dem Spanischen von Joachim A. Frank. st 1278

– Spanien und die Spanier. Aus dem Spanischen übertragen von Fritz Vogelgsang. st 861

José Guelbenzu: Der Blick. Roman. Aus dem Spanischen von Peter Schwaar. es 1596

Luigi Malerba: Salto mortale. Roman. Aus dem Italienischen übersetzt von Alice Vollenweider. st 1363

Meine Schwester Elba. Neue spanische Erzählerinnen. Mit einem Nachwort von Michi Strausfeld. Herausgegeben und übersetzt von Margarete Born. st 1532

Juan José Millás: Dein verwirrender Name. Roman. Aus dem Spanischen von Peter Schwaar. es 1623

Elsa Morante: Lüge und Zauberei. Roman. Mit einem Nachwort von Dominique Fernandez. Aus dem Italienischen übersetzt von Hanneliese Hinderberger. st 701

Guido Morselli: Liebe einer Tochter. Roman. Aus dem Italienischen von Arianna Giachi. st 1568

Mercè Rodoreda: Auf der Plaça del Diamant. Roman. Aus dem Katalanischen von Hans Weiss. Mit einem Nachwort von Gabriel García Márquez. st 977

– Der zerbrochene Spiegel. Roman. Aus dem Katalanischen von Angelika Maass. st 1494

Alberto Savinio: Neue Enzyklopädie. Aus dem Italienischen von Christine Wolter. st 1253

Jorge Semprun: Algarabía oder Die neuen Geheinmisse von Paris. Roman. Aus dem Französischen von Traugott König und Christine Delory-Momberger. st 1669

– Die große Reise. Roman. Aus dem Französischen von Abelle Christaller nach der Originalausgabe. st 744

– Was für ein schöner Sonntag. Aus dem Französischen von Johannes Piron. st 972

– Der weiße Berg. Roman. Aus dem Französischen von Eva Moldenhauer. st 1768

– Yves Montand: Das Leben geht weiter. Aus dem Französischen von Uli Aumüller. st 1279

114/2/10.90

Italienische und spanische Literatur in der edition suhrkamp und in den suhrkamp taschenbüchern

Jorge Semprun: Der zweite Tod des Ramón Mercader. Roman. Aus dem Französischen von Gundl Steinmetz. st 564

Ramón José Sender: Der Verschollene. Roman. Deutsch von Walter Boehlich. st 1037

Wie Felix Muriel auf die Welt kam. Zwölf Erzählungen aus Spanien. Aus dem Spanischen übersetzt von Dietrich Eckhard Groth und Wilhelm Muster. st 1764

114/3/10.90

Index:

Sonntag, 25 Okt 92 PTT
VS